JN087160

「株式交付」活用の手引き

金子登志雄 ［著］

TOSHIO KANEKO

中央経済社

はしがき

　本年３月に「株式交付」を含む改正会社法が施行されました。上場会社向けの内容が中心であるため，一般の実務家の関心はまだ十分ではないようです。私自身も例に漏れずですが，『「会社法」法令集〔第13版〕』の重要条文ミニ解説などを担当している関係で，人並み以上の知識は持っているつもりです。

　株式交付については，実例が生じたら，拙著『組織再編の手続〔第２版〕』や『親子兄弟会社の組織再編の実務〔第２版〕』の改訂作業を始めるつもりで待機していますが，ネットでの検索では，まだ見つけられずにおります（注）。

　その待機中にもかかわらず，このゴールデンウイーク直前に，以上の出版社である中央経済社から，実例が生じるのを待つ間に株式交付に関する小冊子でも書かないか（＝連休中も休むな）と誘われ，春休みの宿題として書いたのが本書です。ただし，上場株式の譲受けや振替株式に関することは，大手法律事務所や証券代行の領域であり触れておりません。

　その代わり，多くの方が株式交付につき，他社の株式をかき集めることだというイメージをお持ちでしょうが，そういう例は少なく，実際は，金銭による企業買収と同様に，オーナー株主の持株だけを譲り受ける例のほうが多いであろうことと，グループ再編にも利用することができることを本書で説明しています。この部分は現時点では類書がないと思っています。

　執筆に際しては，参考文献も少なく論点も明白になっていないことが，かえって幸いし，執筆意欲を掻き立ててくれただけでなく想像力を自由に発揮することができました。こういう状況は司法書士を兼業する前のM＆A業務に従事していた頃（1987年から1996年まで）から慣れており，私のこれまでの著作のほとんどがこのような状況下で執筆したものです。

　というのは，われわれ実務家の教材は，目の前の具体的事例であって，文献や先例にないものも多いため，経験を踏まえて事例を想定し，自問自答を繰り返していると，著作のネタが出てくるためです。

　この想定事例による思考方法が功を奏しているのか，人の気づかない点に気づくことも多く，司法書士業務の面では無対価合併を開発し最初に実行するなど数々の実績を残すことができました。出版の面でも，あの難解な会社計算規則の解説本まで含めて誰よりも先に実務書を出版することができました。

　しかし，残念ながら，拙著は会社法の利用法を示す実務書として日々実務に従事している法務関係者（司法書士・弁護士・税理士・法務部員等）には好評でも，教科書的で体系的な本を期待した一般の方には馴染みにくいようです。この両極端の評価が拙著の特徴でもあります。

　本書は拙著の固定読者層である法務関係者以外の方の購入が多いであろうと気がかりですが，他の解説書とは一味も二味も違う独自の切り口に基づく実務書の面白さを少しでも感じていただけましたら，幸いです。

2021年5月吉日

著者　司法書士　金子　登志雄

　（注）本書入稿後の2021年5月14日付で，某上場会社が同年7月12日を効力発生日として簡易株式交付の実行を発表いたしました。第1号と思われます。上記の推測どおり，株式譲渡人は少人数に過ぎず，対象会社も既存取引先でした。現金対価併用の自己株式交付で債権者保護手続が必要なものでした。

　続いて同年5月24日付で別の上場会社から6月21日を効力発生日とする簡易株式交付の発表がありました。自己株式交付ですが，新株予約権も譲り受けるという珍しい事例でした。パターン化できない事例が増えそうです。

目　次

第4章 | 株式交付の手続 ………………………………………… 51

第1章

株式交付とは何か

Q1-1 株式交付とは何か

2021年3月1日施行の改正会社法に、組織再編の一種として「株式交付」が規定されましたが、どういう制度ですか。

A1-1

会社法第2条第32号の2によると、株式交付は、「株式会社が他の株式会社をその子会社（法務省令で定めるものに限る。第774条の3第2項において同じ）とするために当該他の株式会社の株式を譲り受け、当該株式の譲渡人に対して当該株式の対価として当該株式会社の株式を交付することをいう」と定義されています。

この「子会社とする」とは、法務省令、具体的には会社法施行規則第4条の2により、自己（子会社等を含む）の計算において所有している議決権の数の割合が100分の50を超えるようにすることです。既に議決権の過半数を握っている子会社である会社を株式交付の対象にすることはできません。

「株式を交付する」とは、新株式を発行して割り当てる場合だけでなく、所有する自己株式を処分することも含みます。ちなみに、会社法で「発行」とは新株式のことで、「交付」という場合は、新株式も自己株式も含みます。株式会社設立時には自己株式が存在しませんから、「設立時【発行】株式」ですし（会25条参照）、新株予約権は「株式会社に対して行使することにより当該株式会社の株式の【交付】を受けることができる権利をいう」と定義されていますから（会2条21号）、「新株」予約権という名称でありながら、自己株式の交付も認められています。

以上より、株式交付は、株式会社が他の株式会社の株式を譲り受けて、その経営支配権を取得する企業買収ですが、金銭ではなく「株式で支払う株式譲受け型企業買収」だといえます。他の株式会社の株式の全部を取得し完全子会社にする制度としては株式交換がありますが、とりあえずは、部分的な不完全株式交換とか、半株式交換とでもイメージしておけばよいでしょう。

Q1-2　株式交付と株式交換との構造的差異

　前問で株式交付は，とりあえずは，相手の株式会社を完全子会社化する株式交換にまでは至らない半株式交換とイメージするとよいとのことですが，子会社化の目的は同じであるため，感覚的には分かりますが，制度上も類似しているのでしょうか。相違点はどこですか。

A1-2

　求める結果は類似しても，構造的には相違した制度です。

　以下，説明の便宜上，親会社になる側（**株式交付親会社**という。会774条の3）を甲，子会社になる側（**株式交付子会社**という）を乙として，会社法第2条第32号の2（株式交付）と第31号（株式交換）の定義に，主要条文である会社法第774条の2（株式交付計画）と第767条（株式交換契約の締結）とを加えて比較してみますと次のようになります。

【株式交付と株式交換の定義比較】

	誰が	何をして	何のために	誰に	何をする
株式交付	甲が	株式交付計画を作成して	乙を子会社とするために	（乙株主に）	乙の株式を譲り受け，甲株式を交付すること
株式交換	乙が	株式交換契約を締結して	（同上）	甲に	発行済株式全部を取得させること

　これでお分かりのとおり，子会社化を目的とした制度としては共通していますが，最初の主語から相違しています。株式交付するのは親会社になる甲であるのに対し，株式交換するのは子会社になる乙です。株式交付は「すること」であって，株式交換は「させること」です。

　ちなみに，吸収合併するのも合併消滅会社（乙側）であり，吸収分割するのも分割会社（乙側）です。権利義務を承継する会社（甲側）ではないことにご注意ください。新設合併・新設分割・株式移転も既存会社が設立会社に承継又は取得「させる」ことです（会2条参照）。

　次に，子会社化の手段が相違します。株式交付は甲の株式交付計画という単独行為によりますが，株式交換は乙と甲との契約だということです。

　株式交換は，吸収合併のうち株式の移転部分を取り出したものだともいえます。したがって，株式交換契約では，吸収合併契約と同じく，株主総会の多数決によって承認された契約の効果として，乙の少数株主は好むと好まざるにかかわらず，甲に株式を取得させるのに対し（会785条の要件を満たせば，株式会社乙に買取請求を行使することは可能），株式交付では，乙は株式交付の当事者ではなく，乙の株主がその意思に基づいて所有する乙株式を甲に譲り渡し，甲が譲り受けるという制度です。

　この点では，株式会社甲の第三者（株式会社乙の株主）割当てによる募集株式の発行等（自己株式の処分を含む）に応じて，株式会社乙の株主が乙株式を意思に基づいて現物出資する制度に近いといえます。

　ちなみに，もうお気づきでしょうが，「株式」交付の「株式」は親会社の株式のことであり，「株式」交換のそれは子会社の株式です。そのため，株式交換では合同会社も親会社になれます。

　その他の相違点は，次のとおりです。

１．株式交換では株式会社乙が甲の子会社であっても実行することができるが，株式交付では議決権の過半数を握る子会社には不可。

２．株式交換では，対価が柔軟化されており，金銭も社債も新株予約権も対価になり得るだけでなく，無対価であることさえ許容されているが（会768条。同条の「金銭等」とは対価のこと），株式交付では対価として必ず株式が交付される（「株式＋現金等」を対価とすることは可能）。

３．ともに株式会社（乙）の発行する新株予約権を承継することができるが，株式交換では完全親株式会社（甲）の発行する新株予約権との引換えだが，株式交付では親会社（甲）が子会社（乙）の新株予約権者になる。乙の新株予約権が行使され，甲が乙の親会社でなくなることを回避するためです。なお，新株予約権等の譲受けについては対価が柔軟化され無対価も可能ですし（会774条の３第１項７号以下），譲受け数にも下限の制限がありません。

Q1-3　募集株式の発行等との相違と吸収型再編

　いままでの説明だと，株式交付は株式交換よりも他社株式の現物出資である募集株式の発行に近いように思いましたが，いかがですか。また，株式交付は株式交付計画の作成を要するため，吸収合併契約・吸収分割契約・株式交換契約の吸収型再編といえるのですか。

A1-3

　募集株式の発行は資本増強（資金調達）目的ですが，株式交付は会社組織の再編行為とされています。そのため，募集株式の発行であれば，出資額の半分以上を資本金の額に計上しなければなりませんが，株式交付においては，他の組織再編と同様に，そのような限定はなされていません（会445条）。過大評価を避ける募集株式の発行に必要な現物出資規制（会207条）も，組織再編の株式交付にはありません。公開会社では取締役会で募集株式の発行を決定しますが（会201条），株式交付は原則として株主総会です（会816条の3第1項）。個別取引法の世界と組織法の世界との規定の差だといえます。

　目的達成の方法も，募集株式の発行では，先に調達予定額を決めて会社が募集株式数を決定し（会199条1項），株式申込人と「株式割当契約」をするものですが，子会社を増やすグループ再編目的の株式交付では，受け入れる株式数によって対価として交付する株式数が変化する「株式譲渡し契約」という仕組みです。株式交付は，自社株式の発行や交付を目的とするよりも，議決権のある他社株式の譲受けによる子会社化（企業買収）が目的です。

　組織再編には，新設型再編（新設合併・新設分割・株式移転）と吸収型再編（吸収合併・吸収分割・株式交換）という分類がありますが，この分類は契約型か計画型かを問わず，会社の新設行為かどうかの区別ですから，株式交付は吸収型再編に属します（計算規則2条3項37号）。他の吸収型再編と相違し，既存の他社との契約でない点は特殊ですが，他社との関係による再編という面では，まさしく吸収型再編です。

Q1-4　全ての株式会社で株式交付が可能か

　清算株式会社と特例有限会社は株式交換ができないとされていましたが，株式交付もできないのですか。株式交付親会社でなく，他社の株式交付により子会社（株式交付子会社）になるのであれば可能ですか。

A1-4

　会社法第509条に株式交付が挿入され，「会社法第5編第4章及び第4章の2並びに同編第5章中株式交換，株式移転及び株式交付の手続に係る部分は，清算株式会社については，適用しない」とされました。会社法の施行に伴う関係法律の整備等に関する法律（以下，「整備法」という）第38条でも「特例有限会社については，会社法第5編第4章及び第4章の2並びに同編第5章中株式交換，株式移転及び株式交付の手続に係る部分の規定は，適用しない」とされました。

　よって，清算株式会社も特例有限会社も株式交付親会社にはなれません。問題は，株式を譲り渡すのは子会社になる株式会社ではなく，その株主であるため，清算株式会社も特例有限会社も株式交付子会社にはなれるのか，それとも，条文に「手続に係る部分」とあり，これには子会社側の株主の譲渡を含むから，なれないというべきかについては，はっきりしません。

　改正会社法立案担当者による竹林俊憲編著『一問一答　令和元年改正会社法』（2020年，商事法務）196頁は，なれないという否定説であり，日本弁護士連合会編著『実務解説　改正会社法』（2020年，弘文堂）241頁では肯定説です。ともに，清算株式会社についてですが，特例有限会社については触れていません。登記の通達（令和3年1月29日民商第14号）も同じです。江頭憲治郎著『株式会社法（第8版）』（2021年，有斐閣）990頁では，特例有限会社についても否定説です。

　一方，株式交付の債権者保護手続に関する貸借対照表について規定した会社法施行規則第213条の8では，清算株式会社を除外しながら特例有限会社は対

象にしています。これからすると，法務省見解は，上記の条文解釈から導かれたものではなく，清算株式会社は清算を目的とした会社だから他社の子会社になるのは背理だが，特例有限会社はそうでないということかもしれません。ただし，法務省に問い合わせた方からの情報によりますと，特例有限会社についても否定説だとのことですので，現時点では不明です。

　見解が錯綜していますが，私は心情的には日弁連説に賛成です。第1に，清算株式会社が株式交付子会社になっても株式交付の当事者になったわけではありません。第2に，清算株式会社において，株式の通常の譲渡や現物出資を認めながら株式譲受け型の株式交付のときだけ否定する理由がありません。第3に，清算株式会社だからといって黒字解散した会社もありますし，子会社として会社継続させることも可能ですから，株式交付のニーズもあるためです。

　特例有限会社についても，新規の設立も認められず，株式交換の当事者にもなれないとされ，長期間をかけて，その存在をゼロにしようとされた会社ではありますが，株式譲渡の自由まで否定されてはおりません。

　確かに，株式交換で子会社になれないのに，株式交付によれば子会社になれるというのは脱法ではないかという気もしますが，株式交換は会社が当事者になってするものであるのに対し，株式交付では子会社になる側は当事者ではありません。にもかかわらず，その株主まで巻き沿いにする解釈はいかがなものでしょうか。

　とはいうものの，会社法施行規則第213条の8から清算株式会社が除外されたことからしても，清算株式会社が株式交付子会社になれないことは，もはや動かしがたい法務省見解になっています。同規定に特例有限会社が残されたのは間違いだとは思えませんので，会社法第509条と整備法第38条は同じ規定ぶりですが，前記したように清算目的の面から根拠づけ，実務上は，清算株式会社は不可，特例有限会社は可という会社法施行規則の立場を採用しておくのが無難だといいたいところですが，前記のように問い合わせに対しては否定説のようですので，現時点では，法務省の公式見解を待つしかなさそうです。

Q1-5　組織再編の中での株式交付の位置付け

　株式交付は平成18年5月の会社法施行以来はじめて誕生した組織再編になると思いますが，これまでの組織再編と相違し，かなり変わった制度のように感じました。簡単に組織再編の歴史と株式交付の特殊性についてまとめていただけませんか。

A1-5

1．組織再編の種類と歴史

　営利社団法人たる会社は，法人組織体と事業体と構成員の3つの組織体で成り立っています。組織再編は，このうち事業体又は構成員部分の組織を大幅に変更する制度だといえます。株式交付は，構成員部分の組織再編になります。

【会社組織の3要素】

3要素	内　容	対応する組織再編
法人組織体	定款，機関構成，法人免許	（合併でも受け継がれない）
事　業　体	財産内容，債権債務，従業員	合併，会社分割
構　成　員	株主，社員，（新株予約権者）	合併，株式交換・株式移転

【組織再編の歴史】

施行日	改正内容
平成9年10月	合併手続の緩和（合併報告総会の廃止など）
平成11年10月	株式交換・株式移転制度の創設
平成13年4月	会社分割制度の創設
平成13年10月	金庫株の解禁，額面株式・単位株制度の廃止
平成18年5月	会社法の施行（対価の柔軟化は平成19年5月から）
令和3年3月	株式交付制度の創設

　組織再編の歴史は図表のとおりであり，古い時代から，会社の事業及び構成員を丸ごと承継する合併があり，平成11年にはその構成員部分だけを抜き出した株式取得型の株式交換・株式移転制度が創設され，その2年後の平成13年には事業部分だけの承継を中心とした会社分割制度が創設されました。

　組織再編の種類が増えましたので，それ以降は，その実行を容易にする制度が発展しました。企業買収の進展や会計基準の国際化が組織再編法制に大きく影響するようになったためです。金庫株（自己株式）の解禁，額面株式の廃止，対価の柔軟化（対価が株式に限定されなくなったこと）などです。

　対価の柔軟化は衝撃が大きいということで施行が1年先に延ばされたくらいですが，今では過去の話になるほど，落ち着きました。そこに，新制度の株式交付制度が誕生いたしました。

2．株式交付制度の特徴

　以上の歴史をみますと，組織再編の母である合併制度から，株式交換・株式移転が独り立ちし，続いて会社分割が独り立ちしたかのようですが，この流れでいうと，株式交付は株式交換からの独り立ちとの位置付けもできそうです。

　しかし，株式交付は従来の延長ではありません。従来の組織再編は，吸収合併も吸収分割も株式交換も「吸収」する制度ではなく，主役は事業や株式を出す側であり，いわば売り手側の買い手側に「させる」制度だったのに対し，今度の株式交付は，買い手側が「する」制度です。画期的であり，組織再編が企業買収型に変化した最初です。

　株式を取得「させる」制度の株式交換では，株主総会の多数決で発行済株式の総数を買い手側に提供する決定が可能ですが，株式を譲受け「する」制度の株式交付では，相手の意思を無視するわけにはまいりません。そのため，子会社となる会社の株主と個々の株式譲渡し契約をするわけです。この点で，集団処理で包括承継に反する制度のように思われがちですが，買い手側では株主総会の承認決議，債権者保護手続という集団処理がなされます。株式の譲受けは再編の目的達成手段に過ぎず，目指すゴールは子会社化・企業買収です。

（ご参考）

　日常用語で，「甲は乙を吸収合併する」とよく使いますが，会社法規定では，乙が吸収合併するのであって，甲はその相手方です。では，旧商法規定ではどうだったかというと，会社設立行為である新設型再編については，承継又は取得「させる」側を主語にせざるをえませんが，吸収型再編のうち吸収合併については「会社が合併を為すには………」，株式交換については「会社は其の一方が他方の発行済株式の総数を有する会社（略）となる為株式交換を為すことを得」であり，どちらが主語か不明確な規定ぶりでした。ところが，吸収分割になると「会社は其の一方の営業の全部又は一部を他方に承継せしむる為吸収分割を為すことを得」と規定されました（旧商法408条，352条，374条の16）。

　いかがですか。それまでは，どちらが主役か不明だったが，平成13年の会社分割から，吸収型再編でも「させる」側を主語にすることに方針を決めたと思いませんか。

　平成9年の合併法制の改正以前は，吸収合併とは複数の会社が1つになることだという（法）人格合一説ががちがちの定説でしたが，この頃から，吸収合併は事業財産を丸ごと現物出資するものだという少数説の現物出資説が勢いを増してきて，平成13年の会社分割で完全勝利が確定したと私はみています。

　旧商法では，合併は解散の節に規定されていました。私が吸収合併は「合併して解散する」のではなく，「解散して合併するのだ（現物出資説が正しい）」，その証拠に定款も法人免許も貸借対照表も引き継がれないと当時の定説を批判していた理由です。

　会社法によって，以上の混乱は終息しましたが，株式譲渡も事業譲渡も主語は売り手側です。組織再編においても売り手側が主語になるのは必然だったといえないでしょうか。

　これが今度の株式交付によって，企業買収時代を受けて買い手側が主語になったのです。組織再編の構成や解釈も時代に抗し切れません。歌と同様に組織再編も世につれです。

Q1-6　株式交付の使い勝手

　Q1-1で，株式交付のことを「株式で支払う株式譲受け型企業買収」だと説明されていましたが，現金で支払うより余程有利なため，今後流行りそうな予感がしましたが，いかがですか。

A1-6

　株式交付する側では現金の支払いよりも，株式での支払いのほうが好都合ですから，希望する会社は多いはずです。

　しかし，子会社になる側からみれば，株式を上場していない会社の子会社になり，それまではオーナーとして会社を支配していたのに，以後は少数株主の悲哀を味わい，株式を処分しようにも，支配権付の株式ではなく市場もないのでは損な取引になるため，株式交付に応じないはずです。

　これに対して，株式交付する会社が上場会社であれば，会社の支配権を失っても，市場で売却することのできる株式を取得することもでき，少しずつの売却も可能であるだけでなく，値上がり益も期待することができますので，株式交換と同様に株式交付に応じる会社・株主も多いことでしょう。近い将来に株式の上場を期待することのできる会社に対しても，ともに上場を目指そうと，傘下に入る会社も少なくないと思われます。

　よって，原則として，企業買収としての株式交付は上場会社等の**公開会社**（発行する株式の全部又は一部が譲渡自由の会社）がすることですが，**非公開会社**（発行する全株式が譲渡制限株式の会社）であっても，親会社の指示で100％でない子会社を対象とした子会社間の再編の際に利用することが検討されるでしょうし（Q1-10以下），合弁会社の解消にも利用されそうです（Q1-8）。また，業績優良な非公開会社が配当優先株式を株式交付の対価として発行するのであれば，企業買収としても使えそうです。使い道は株式交付という制度の方向から考えるのではなく，個々の事例で，この場合の解決策として使えるかを検討するものです。仮想事例を次頁以下に作成しました。

Q1-7　仮想事例の1：上場会社による株式交付

　新興市場に上場したばかりのゲームソフト開発業務の株式会社甲は，この業務だけでは将来に不安がありました。国内外に競争相手が多いためと，人気商品かどうかで業績の変動が大きいためです。そこで，ICT全般に多角化を模索しておりました。

　一方，食品業界向けICT業務の中小企業である株式会社乙は，株主構成が社長Ａ（60％），業務責任者で優秀な技術者である幹部従業員Ｂ（30％），従業員持株会（10％）でした。社長のＡとしては，乙社はＢの技術力・開発力で維持されている会社であり，Ａは単にそのスポンサーとしての支援者であることが悩みの種でした。会社が軌道に乗り安定した現在でも，社長がICTに詳しくない自分であれば，いつの日か開発者として個性の強いＢが独立して従業員を引き連れて乙から離脱してしまうのでないかという不安があったためです。

　この甲と乙は，どういうシナリオであれば，親子関係になるでしょうか。

A1-7

　まずは，甲と乙で業務提携し，甲社の社長らと乙社のＢとの交流を開始し，意気投合するほど相性が合うと判断したら，乙社の社長Ａの60％とＢの15％を甲社が株式交付で譲り受けると同時に，Ｂ及び乙の従業員のうち優秀な技術者を子会社乙担当の甲の従業員として迎え入れるのはいかがでしょうか。

　現金買収にせず株式交付にしたのは，ICT業務の会社は純資産（担保価値？）が乏しいため，リスクを軽減するためです。Ａにとっても，市場での売却が可能で値上がり益も期待できるため損な取引とはいえません。また，Ｂらを甲の従業員として迎え入れるのは，子会社の社員と親会社の社員という目にみえない心情の差を考慮したことと，Ｂらに甲の業績向上のインセンティブとして甲発行の新株予約権等を付与するためです。Ｂの持株の一部を残したのは，乙の業務の責任者として自覚を持ってもらうためです。これでＢらも独立しようとせずに，甲の成長と自身の成長を重ね合わせてくれるのではないでしょうか。

Q1-8　仮想事例の2：合弁等の解消と株式交付

⑴　乙社は，現在，上場会社3社（甲，A，B）の合弁会社で持株比率は次のとおりです。A及びBは甲の重要な取引先であり，Aには甲の資本が入っており，甲の関連会社です。当然ながら合弁会社乙のリーダーは甲です。

（乙社の株主構成）

甲（34%）	A（33%）	B（33%）

このたび，コロナ感染の余波でBの業績が急降下したため，Bは乙社の合弁の解消を甲及びAに打診してきました。どういうシナリオが妥当でしょうか。

⑵　乙社は同業者10社で創業した同業者組合的な会社であり，20年の歴史があります。その間に，廃業した同業者2社の穴は，リーダー格の甲社が引き受け，現在の株主構成は，次のとおりです。

（乙社の株主構成：甲は30%，その他は各10%）

甲	A	B	C	D	E	F	G

このたび，やはりコロナ禍の影響で，EFGの3社が離脱の意向があることが分かりました。解決策として，どういうシナリオが妥当でしょうか。

A1-8

⑴について

ここは，合弁会社のリーダーである甲社が取引先のB社を支援すべきであり，Aと協議し，甲又はAを株式交付親会社，乙を株式交付子会社とする株式交付も選択肢の1つでしょう。甲もAも上場会社ですから，株主が増えることに抵抗はないはずです。

⑵について

甲を株式交付親会社として，株式交付によりEFGの株式を譲り受けるが，対価は甲の無議決権株式にするという方法も考えられます。

Q1-9　仮想事例の3：内紛の解消と株式交付

　乙社は，現在，次の株主構成です。ＡＢＣは実の兄弟であり，ＱはＡＢＣの叔父にあたります。

（乙社の株主構成）

A	B	C	Q	その他
（20％）	（20％）	（20％）	（20％）	（20％）

　もともと，乙社はＱの兄Ｐが創業し，順調に成長した会社であり，その間に隣県にのれん分けした弟Ｑの経営する甲社も順調に発展し，年々成長しています。ところが，Ｐが2年前に急死し，Ｐの持株60％を子供のＡＢＣが相続したところ，業績が下降し無配となり，乙社の社長を引き継いだＡに対して，会社の経営に関与していないＢＣ連合からの責任の追及が始まり，内紛が発生しました。さて，乙社の再建には，どういうシナリオが妥当でしょうか。

A1-9

　ここは，ＡＢＣの叔父で後見人ともいうべきＱが乙社の再建を支援すべきであり，自身の経営する甲社を株式交付親会社として，乙社の株主であるＢＣＱの株式を譲り受けて，ＡとＢＣを離し，相互の利害関係を薄めるべきではないでしょうか。

　Ｑ経営の甲社の傘下に入った乙社ではＱを会長にし，Ａは引き続き社長にとどまり，乙の再建をはかり，ＢＣは乙社と無関係になり甲社の少数株主として，引き続き安定配当があれば，静かになることでしょう。

　乙社の再建策としては，資本金の額を減少し，その他の外部の株式を自己株式化すれば，乙社の株主は，ＡとＱ経営の甲社だけになりますから，機動的な意思決定も容易になり，早期の再建が可能になります。

　なお，本例は，同業者の救済型Ｍ＆Ａの参考になります。

Q1-10　仮想事例の4：グループ再編と株式交付⑴

　Pホールディングス社には，現在，下記5社の子会社があります。乙は買収した子会社であり，20％は買収前からの外部の少数株主が残っています。これまでに株式の譲渡を何度か打診しましたが，創業時からの株主であり，乙社に愛着があるのか，売却に応じてくれません。

（Pホールディングス社の子会社）

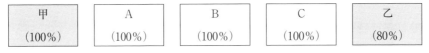

　親会社であるP社は，乙を孫会社にすることにしました。Pと乙との関係を離すためですが，どういう方法が考えられますか。

A1-10

　甲（又はA・B・C）を株式交付親会社，乙を株式交付子会社として，甲はPの所有する乙株式80％を譲り受け，対価として甲株式をPに割り当てる方法があります。

　株式交付は，既存の子会社を株式交付子会社にすることができませんが，乙は甲の子会社ではないため，株式交付が可能です（注：同様に，A・B・Cを対象にすることも可能です）。

　その他の方法として，Pを吸収分割会社，甲を吸収分割承継会社として，Pの有する乙株式全部を甲に承継させる方法があります。100％親子間の吸収分割では無対価でなされることが多いため，甲の発行済株式の総数に変化を生じさせないという長所がありますが，必ず甲で債権者保護手続が必要になるという短所があります。

　株式交付であれば，新株式の発行により発行済株式の総数が増えても，資本金を増やさなければ（全額とも資本準備金に計上），吸収分割方式よりも優れているといえます。

Q 1-11　仮想事例の5：グループ再編と株式交付(2)

　前問の結果，Ｐホールディングス社グループは以下のようになりましたが，1年後に，やはり乙は子会社の地位が妥当だと考え直しました。どういう方法でもとに戻せばよいでしょうか。

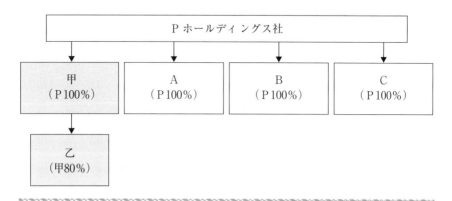

A 1-11

　子会社のＡＢＣを利用することができません。Ｐ直接の100％子会社でなくなるからです。Ｐを株式交付親会社，乙を株式交付子会社にするのも無理です。乙は既に甲の孫会社という子会社（従属会社）だからです（Q1-1解説参照）。

　本問は株式交付では解決できません。甲の業績が非常によく分配可能額制限に反しなければ，乙株式を配当でＰに移動することもできるでしょうが，そのような可能性は少ないでしょう。

　最も現実的な方法は，実務上よくなされている親子会社間の無対価吸収分割であり，甲を吸収分割会社，Ｐを吸収分割承継会社として乙株式を甲に無対価分割することです。ただし，無対価だと甲が無償で親会社に乙株式という財産を渡したのと同様ですから，甲の債権者を詐害するほどでもない限りという条件付きになります。

Q 1-12　仮想事例の６：グループ再編と株式交付⑶

　下記のような会社関係において，甲は老齢で後継者難のため，親しいＰ社の傘下に入ることをＰ社と合意しました。Ｐ社は今後のグループ戦略を検討し，「Ｐ（親）―Ａ（子）―Ｓ（孫）」にすることにしました。その方法を司法書士に話したところ，現状を大きく変更することなく，Ａ社に新たに出資することもなく簡単にできると提案されました。さて，どういう方法でしょうか。

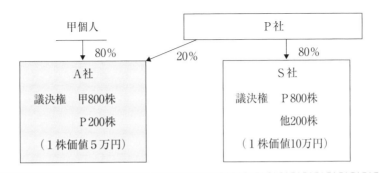

A 1-12

　Ａ社を株式交付親会社，Ｓ社を株式交付子会社としてＰ社の有するＳ社株式800株をＡ社が譲り受けます。Ａ社とＳ社では１株価値に倍の差がありますから，対価としてのＡ社株式は1600株であり，これをＰ社に割り当てます。Ａ社は買収（会計用語では「支配取得」）したはずなのに，逆にＰ社に買収されました。いわゆる会計用語でいう「逆取得」です。

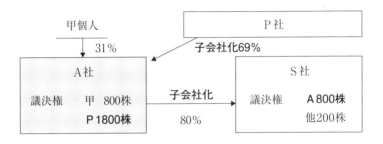

Q1-13　仮想事例の7：グループ再編と株式交付⑷

　前問の下記のような会社関係において，S社を株式交付親会社，A社を株式
交付子会社にして，甲所有株式を譲り受け，「P（親）―S（子）―A（孫）」に
した場合の最終結果はどうなりますか。

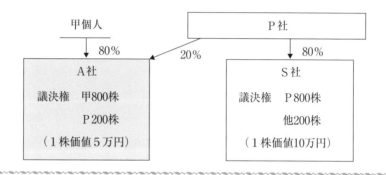

A1-13

　甲の有するA社株式800株はS社の所有になりますから，A社はS社の子会
社になります。その対価として甲にS社株式400株を渡すでしょうから，下記
のようになります。

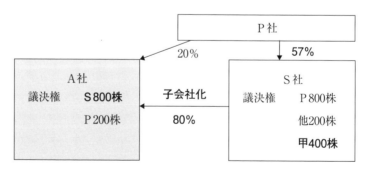

　甲にS社の28.5％の株式を持たせるのは困ると判断し，S社株式200株と現
金2000万円を対価にすると（5万円価値のA社1株につき，S社株式0.25株
及び2.5万円），S社の発行済株式の総数は1200株となり，P社の持株比率は
66.7％に上がりますが，債権者保護手続が必要な株式交付になります。

第2章

株式交付計画

Q2-1　株式交付の対価は株式のみが多い

　株式交付計画に関する会社法第774条の3には，対価として，株式交付親会社の株式以外の金銭等（社債，新株予約権，新株予約権付社債，その他の財産）も株式とともに交付するケースが規定されていますが，現実にそのようなケースは多いのでしょうか。債権者保護手続が必要になってしまいませんか。

A2-1

　株式交換の実例などをみる限り，そのようなケースは債権者保護手続が必要となるため原則として少ないでしょうが，株式交付は，相対による株式譲渡の方式を採用するため，譲渡人が対価の一部を現金にしてほしい，あるいは親会社側が大量の株数を交付したくないという事情で，あえて債権者保護手続を採用するケースも想定されます。

　債権者保護手続の要否は，会社法第816条の8に規定されており，「株式交付に際して株式交付子会社の株式及び新株予約権等の譲渡人に対して交付する金銭等（株式交付親会社の株式を除く。）が株式交付親会社の株式に準ずるものとして法務省令で定めるもののみである場合以外の場合には，株式交付親会社の債権者は，株式交付親会社に対し，株式交付について異議を述べることができる」とあります。

　この「金銭等（株式交付親会社の株式を除く。）が株式交付親会社の株式に準ずるものとして法務省令で定めるもののみである場合」とは，会社法施行規則第213条の7により，株式以外に交付される対価の総額が株式を含む対価総額の5％未満の場合であり，5％以上であれば，債権者保護手続が必要です。

　例えば，株式価値を算定した結果，株式交付比率は1：0.205が適当だとした場合に，0.005分については現金支給にし，比率を1：0.2（乙の株式1株に対して甲株式0.2株を割り当てる）にするのは，5％未満（0.005÷0.205で2.4％強）だから債権者保護手続が不要です。一種の比率調整金で株式対価に従属し「株式に準ずるもの」として扱われます。

Q2-2　株式交付子会社が新株予約権を発行しているとき

(1)　株式交付計画に関する会社法第774条の3によると，株式交付子会社が新株予約権を発行しているときは，株式交付親会社が譲り受けることができる旨の規定がありますが。その規定が実行される例はありそうですか。

(2)　新株予約権を譲り受けるとした場合に，行使したら無議決権株式しか取得することのできない新株予約権も譲受けの対象にすることできますか。

A2-2

(1)について

　株式交付子会社が新株予約権を発行していた場合に，どう対応する例が多いかというと，おそらく実務では，株式交付親会社と株式交付子会社で協議し，新株予約権を行使してもらうか，放棄してもらうなどの対応をし，新株予約権が存在しないように図ると考えます。

　会社法の規定では，子会社の新株予約権を株式と併せてであれば親会社が譲り受けることができるようになっていますが，そもそも，現実に発行されている新株予約権は，ライツ・オファリングを除き投資目的のものは少なく，ほとんどはストック・オプション目的で，子会社の取締役や従業員でないと行使することができない譲渡禁止特約付です。この新株予約権の内容を変更すれば，親会社も譲り受けることもできるでしょうが，そこまでするでしょうか。

　なお，この「株式と併せて」とは，株式譲渡人が新株予約権者であり，その株式と併せて，その者の新株予約権を譲り受ける場合に限らず，株主でない新株予約権者からの譲受けも含むと考えます。

(2)について

　新株予約権の譲受けを可能とした理由は，行使されて議決権株式が増えては困るという理由ですから，これを強調すれば設問は否定され，単なる潜在株式を議決権株式と併せてなら譲り受けてよいという趣旨であれば肯定されますが，立法趣旨からは前者だと考えます。

Q2-3　株式交付計画の記載事項（会社法第774条の3）

前2問の趣旨は分かりましたが，会社法第774条の3には，株式交付計画の記載事項はどうなっていますか。

A2-3

以下ですが，株式以外の対価の部分は事例も少ないでしょうし混乱しやすいので，活字を小さくし網掛けにしてあります。その前に，予備知識です。

① 株式と株式以外の対価を分けて規定してあるのは，必ず割当てを要するかの差があるためです（後者には「交付するときは」とあります）。

② 割当てに関する事項とは，乙の1株（又は新株予約権1個）に対して甲の株式を○株割り当てるなどという内容です。

③ 社債や新株予約権を対価とするという意味は，この株式交付により，新規に社債や新株予約権を発行して交付することも含まれ，社債や新株予約権を発行していない会社でも対価にすることができます。

④ 対価としての株式等以外の財産には，制限がなく所有している親会社株式，子会社株式，他社株式なども含まれます。なお，「株式等」とは自社の「株式，社債及び新株予約権」のことです（会107条2項2号ホ）。

【会社法第774条の3】

1 株式会社が株式交付をする場合には，株式交付計画において，次に掲げる事項を定めなければならない。

一 株式交付子会社（株式交付親会社（株式交付をする株式会社をいう。以下同じ。）が株式交付に際して譲り受ける株式を発行する株式会社をいう。以下同じ。）の商号及び住所

二 株式交付親会社が株式交付に際して譲り受ける株式交付子会社の株式の数（株式交付子会社が種類株式発行会社である場合にあっては，株式の種類及び種類ごとの数）の下限

三 株式交付親会社が株式交付に際して株式交付子会社の株式の譲渡人に対

して当該株式の対価として交付する株式交付親会社の株式の数（種類株式発行会社にあっては，株式の種類及び種類ごとの数）又はその数の算定方法並びに当該株式交付親会社の資本金及び準備金の額に関する事項

四　株式交付子会社の株式の譲渡人に対する前号の株式交付親会社の株式の割当てに関する事項

五　株式交付親会社が株式交付に際して株式交付子会社の株式の譲渡人に対して当該株式の対価として金銭等（株式交付親会社の株式を除く。以下この号及び次号において同じ。）を交付するときは，当該金銭等についての次に掲げる事項

　イ　当該金銭等が株式交付親会社の社債（新株予約権付社債についてのものを除く。）であるときは，当該社債の種類及び種類ごとの各社債の金額の合計額又はその算定方法

　ロ　当該金銭等が株式交付親会社の新株予約権（新株予約権付社債に付されたものを除く。）であるときは，当該新株予約権の内容及び数又はその算定方法

　ハ　当該金銭等が株式交付親会社の新株予約権付社債であるときは，当該新株予約権付社債についてのイに規定する事項及び当該新株予約権付社債に付された新株予約権についてのロに規定する事項

　ニ　当該金銭等が株式交付親会社の社債及び新株予約権以外の財産であるときは，当該財産の内容及び数若しくは額又はこれらの算定方法

六　前号に規定する場合には，株式交付子会社の株式の譲渡人に対する同号の金銭等の割当てに関する事項

七　株式交付親会社が株式交付に際して株式交付子会社の株式と併せて株式交付子会社の新株予約権（新株予約権付社債に付されたものを除く。）又は新株予約権付社債（以下「新株予約権等」と総称する。）を譲り受けるときは，当該新株予約権等の内容及び数又はその算定方法

八　前号に規定する場合において，株式交付親会社が株式交付に際して株式交付子会社の新株予約権等の譲渡人に対して当該新株予約権等の対価として金銭等を交付するときは，当該金銭等についての次に掲げる事項

　イ　当該金銭等が株式交付親会社の株式であるときは，当該株式の数（種類株式発行会社にあっては，株式の種類及び種類ごとの数）又はその数の算定方法並びに当該株式交付親会社の資本金及び準備金の額に関する事項

　ロ　当該金銭等が株式交付親会社の社債（新株予約権付社債についてのものを除く。）であるときは，当該社債の種類及び種類ごとの各社債の金額の合計額又はその算定方法

　ハ　当該金銭等が株式交付親会社の新株予約権（新株予約権付社債に付されたものを除く。）であるときは，当該新株予約権の内容及び数又はその算定方法

　ニ　当該金銭等が株式交付親会社の新株予約権付社債であるときは，当該新株予約権付社債についてのロに規定する事項及び当該新株予約権付社債に付された新株予約権についてのハに規定する事項

ホ　当該金銭等が株式交付親会社の株式等以外の財産であるときは，当該財産の内容及び数若しくは額又はこれらの算定方法

九　前号に規定する場合には，株式交付子会社の新株予約権等の譲渡人に対する同号の金銭等の割当てに関する事項

十　株式交付子会社の株式及び新株予約権等の譲渡しの申込みの期日

十一　株式交付がその効力を生ずる日（以下この章において「効力発生日」という。）

2　前項に規定する場合には，同項第2号に掲げる事項についての定めは，株式交付子会社が効力発生日において株式交付親会社の子会社となる数を内容とするものでなければならない。

3　第1項に規定する場合において，株式交付子会社が種類株式発行会社であるときは，株式交付親会社は，株式交付子会社の発行する種類の株式の内容に応じ，同項第4号に掲げる事項として次に掲げる事項を定めることができる。

一　ある種類の株式の譲渡人に対して株式交付親会社の株式の割当てをしないこととするときは，その旨及び当該株式の種類

二　前号に掲げる事項のほか，株式交付親会社の株式の割当てについて株式の種類ごとに異なる取扱いを行うこととするときは，その旨及び当該異なる取扱いの内容

4　第1項に規定する場合には，同項第4号に掲げる事項についての定めは，株式交付子会社の株式の譲渡人（前項第1号の種類の株式の譲渡人を除く。）が株式交付親会社に譲り渡す株式交付子会社の株式の数（前項第2号に掲げる事項についての定めがある場合にあっては，各種類の株式の数）に応じて株式交付親会社の株式を交付することを内容とするものでなければならない。

5　前2項の規定は，第1項第6号に掲げる事項について準用する。この場合において，前2項中「株式交付親会社の株式」とあるのは，「金銭等（株式交付親会社の株式を除く。）」と読み替えるものとする。

Q 2-4　株式交付計画の実際

現実にありそうな株式交付計画の作成をお願いします。

A 2-4

次でいかがでしょうか。収入印紙の貼付は不要です。

【株式交付計画例】

令和○年○月○日

株式会社甲

代表取締役　甲山太郎

　株式交付により株式会社乙（以下，乙という）を子会社とするため，当社（以下，甲という）は，次のとおり株式交付計画を定める。

（株式交付子会社）

第1条　株式交付子会社の商号及び住所は次のとおりとする。

　　　　商号：株式会社乙

　　　　住所：○県○市○町○丁目○番○号

（効力発生日）

第2条　本株式交付の効力発生日は，令和○年○月○日とする。ただし，手続の進行に応じ必要があるときは，効力発生日を変更することができる。

　　（注）「株式交付親会社は，効力発生日の20日前までに，その株主に対し，株式交付をする旨並びに株式交付子会社の商号及び住所を通知しなければならない」という会社法第816条の6第3項・第4項を受けて，効力発生日は1か月程度先（債権者保護手続が必要であれば，2か月程度先）がよいでしょう。もっとも，株式交付計画作成前に株主に通知してはならないとはされていません。

　　（注）効力発生日変更の決定機関についての明文規定は存在しませんが，一般に業務執行行為として取締役会等の業務執行機関の決定によると解されています。

　　（注）効力発生日の延期変更は株式譲渡人の利益保護のため，公開買付規
　　　　制と同様に３か月以内とされています（会816条の９）。

（譲り受ける株式の数の下限）

第３条　甲が本株式交付により譲り受ける乙の株式の数の下限は，5500株（乙
　　の総株主の議決権数のうち55％に相当）とする。

　　（注）具体的な株数の記載が必要です。カッコ部分は任意記載です。

　　（注）既に20％を甲が所有しているときは，35％の株数にします。

　　（注）乙の株主の中には，次条の対価でなく，現金での買取りを希望する
　　　　者が生じたとしても，これは，ここの株式には含まれません。

（株式譲受けの対価と割当て）

第４条　甲は，本株式交付に際して，甲株式のみを交付し，その株式数は，申
　　込者の中から乙の株式を譲り受ける者を定め，その者の所有する乙株式１株
　　に対して甲株式0.2株を乗じた数とし，甲はその割合で割り当てる。

　　（注）株式交付比率が５：１であれば，左側を１として，比率は１：0.2と
　　　　表すのが通常です。現金対価がある場合は，Ｑ4-18以下参照。

　　（注）乙が種類株式発行会社であるときは，甲は，株式交付に際して，甲
　　　　の普通株式のみを交付することとし，申込者の中から乙の株式を譲り受
　　　　ける者を定め，次のとおり割り当てる。

　　　　　１．乙の普通株式１株に対して甲の普通株式0.2株の割合

　　　　　２．乙のA種種類株式１株に対して甲の普通株式0.3株の割合

　　　　　３．乙のB種種類株式には割り当てない。

　　　　などとします。３のように種類株式であれば無対価も可能です。

　　（注）会社法第774条の５には第204条と相違し，割当ての決定機関につい
　　　　て明記されていませんが，取締役会など業務執行機関の決定です。

（増加する資本金及び準備金の額）

第５条　甲は，本株式交付では資本金の額を増加せず，準備金の額その他につ
　　いては，会社計算規則第39条の２に従い，甲が定める。

　　（注）株式交換を含め，組織再編で資本金の額を増加する例はまれです。

　　　会社計算規則第39条の2については，Q3-3以下参照

（申込みの期日）

第6条　申込みの期日は，令和○年○月○日とする。ただし，効力発生日が変更されたときは，これを変更することができる。

　　　（注）変更には公告及び申込者への通知も必要です（会816条の9第5項・3項・6項，774条の4第5項ほか）。

（株式交付計画の承認決議）

第7条　甲は，効力発生日の前日までに，本計画の承認及び本計画に必要な事項に関する機関決定を行う。

　　　（注）株主総会による承認を要しない簡易株式交付ということもあるので，株主総会の決定とは明記しない方法を採用しました。

（乙株式の譲受け）

第8条　甲は効力発生日において，第3条に定める数の乙の株式を譲り受ける。

（株式交付条件の変更又は中止）

第9条　本計画の日から効力発生日に至る間において，天災地変あるいはその他の事由により，甲及び乙の財産又は経営状態に重大な変動が生じた場合（乙において組織再編や募集株式の発行等により総株主の議決権数に大幅な変更が生じた場合を含む），甲は本株式交付の条件を変更し，又は本計画を中止することができる。本計画の目的を達成することが困難になった場合も同様とする。

（株式交付計画の効力）

第10条　本計画は，第7条に定める甲の適法な機関決定並びに法令の定める関係官庁の承認が得られないときは，その効力を失うものとする。

　　　（注）解除条件だから第7条の承認がなされる前でも本計画は有効です。

（その他）

第11条　本計画に定めるもののほか，株式交付に際し必要な事項は，本計画の趣旨に従って，甲がこれを定める。

　　　　　　　　　　　　　　　　　　　　　　　　　　　　　　　以上

Q2-5　株式交付計画規定の解釈

　いざ実際に株式交付計画を作成すると，さまざま疑問が生じてまいりましたので，いくつか質問させてください。

A2-5

　Q1：自己株式の取得など，さまざまな事情で，株式交付計画作成時点では子会社ではなかったのに，効力発生日以前に子会社になってしまったという場合は，株式交付の効力はどうなりますか。

　A1：株式交付は効力発生日に株式交付計画による株式の譲受けの結果として子会社化をはかる制度ですから，目的達成不能により中止せざるを得ないでしょうが，効力発生日前に，再度，子会社でなくなる可能性があれば，途中で株式交付計画は失効したとまで断定する必要はないと考えます。

　Q2：譲受け株式数の下限を総株主の議決権の35％の株式数に設定すると子会社化ができませんが，株式交付子会社の株主の一部から，総株主の議決権の20％につき売却の確約を得ていますので，「ただし，効力発生日までに，当社が○○株（20％相当）以上を所有済みであることを条件とする」と定めれば，問題ないでしょうか。

　A2：会社法第774条の3第2項に，株式交付計画に定める譲受けの下限株式数は，「株式交付子会社が効力発生日において株式交付親会社の子会社となる数を内容とするものでなければならない」とあり，効力発生日基準ですし，条件付きであれば問題ないと考えます。

　Q3：株式交付子会社の自己株式を譲受けの対象にすることができますか。

　A3：子会社からみれば自己株式の処分（会199条）であり，親会社からは自己株式の引受けに該当し，かつ親会社株式の現物出資になります。譲渡・譲受けの概念を超えますし，効力発生日に子会社の自己株式処分と親会社の株式

の割当てを同時に行うのは困難でしょう。肯定すれば子が結果的に親会社の株式を保有することはともかく，株式交換と相違し，対象外だと考えます。

Ｑ４：株式交付子会社の株主に当社の子会社がいます。この子会社からの譲受けは可能ですか。

Ａ４：親会社株式を割り当てられると子会社が親会社の株式を保有し相互持合い状態になりますが，会社法施行規則第23条第4号に「他の法人等が行う株式交付（法以外の法令に基づく株式交付に相当する行為を含む。）に際して親会社株式の割当てを受ける場合」が追加されましたので可能だと考えます。

Ｑ５：譲受け株式数につき上限はないのですか。

Ａ５：制限規定がありませんので，上限は株式交付子会社の議決権総数の全部です。

Ｑ６：前問が実行されると結果的に株式交換と同じになると考えましたが，考えてみれば，株式交換は発行済株式総数の全部が対象でした。株式交付では，譲り受ける株式として無議決権株式は対象外になるのでしょうか。

Ａ６：株式交付は総株主の議決権数の過半数を握り子会社化する制度ですから，そういうことになると考えます。

Ｑ７：前問の回答ですが，会社法規定には，譲受け株式につき議決権株式という限定がなさそうですから，子会社にするだけの議決権株式数を譲り受けるなら，そこに少々の無議決権株式が混じっていてもよいとはいえませんか。

Ａ７：肯定すると，過半数の議決権数の確保目的で株式交付制度が創設されたという趣旨を逸脱するように思いますし，無議決権株式を譲り受けたいのなら，募集株式における現物出資という他の方法があるので，この現物出資規制の脱法行為にもなります。ただ，無議決権株式でも議決権株式への取得請求権付であったら，新株予約権と同様に議決権株式と併せてであれば肯定する余地

もありそうですし，効力発生日に取得請求すればよいともいえますから，現時点では，問題点の指摘にとどめます。実務では，事前に調整されるでしょう。

Ｑ８：株式交付子会社（乙）は他社（丙）と株式の持合いをしており，丙は乙で議決権を行使することができません。しかし，当社が譲り受ければ，乙社で議決権を行使することができます。丙所有の乙株式も譲受けの対象にすることができますか。

Ａ８：効力発生日時点で御社が乙の過半数の議決権を握るようになったかが基準ですから，可能だと考えます。

Ｑ９：各種の種類株式を譲り受ける場合ですが，交付比率が種類株主間で不平等だった場合には，ある種類の株式の種類株主に損害を及ぼすおそれがあるときに該当し，会社法第322条により，株式交付子会社において，その不利益を受ける種類の株式の種類株主総会が必要になりますか。

Ａ９：株式交付子会社は株式交付の当事者ではありません。また，この株式の譲渡は株主の意思に基づきなされます。その種類株主全員が，不平等を承知で譲り渡す点で，株式交換などとは相違します。よって，不要だと考えます。

Ｑ10：前問の回答で思ったのですが，会社法第774条の３第４項によると，譲り受ける株式数に応じて平等に対価を割り当てないといけないことになっていますが，「いや，私はその株式数の半分だけ割り当ててもらえれば十分だ」ということは可能ですか。

Ａ10：権利の放棄は自由であり，その者の意思に反してまで，対価を割り当てる必要はないとは思いますが，個別取引法の世界ではなく集団処理の組織法の世界の手続ですから，いったんは平等に対価の割当てを受け，権利者になっていただいてから，無償で会社に譲渡してもらう手続に変更してもらうしかないと考えます。

第3章

株式交付と会計処理

(注) 会社の計算については食わず嫌いの方も少なくありません。その場合は，途中でやめて**Q3-5**に飛び，最後に，時間をかけて，クイズを解くつもりで，挑戦していただければ幸いです。

Q3-1 貸借対照表と株主資本の構造

　株式交付は株式の譲受け行為だとみれば，損益取引として株式交付親会社の損益計算書の問題になるはずですが，株式交付は組織再編と構成されているため，いわゆる資本取引として株主資本を直接変動させる取引になるのですか。会社の計算については苦手であるため，基本について教えてください。

A3-1

　ご指摘のとおり，物品を購入する取引ではなく，株式交付親会社の株式の発行や自己株式の交付になるため，直接に甲の貸借対照表が変化し，事業年度末日に損益が貸借対照表の利益剰余金に計上されるわけではありません。

　さて，貸借対照表とは，ある時点（通常は事業年度末日現在）の会社の財産状態を表すもので，資産（積極財産）と負債（消極財産）と，その差額である純資産を1つの表に表したもので，次の構造です。

【貸借対照表の構造】

（資　産）	（負　債）
流動資産 固定資産 繰延資産	流動負債 固定負債
	（純資産） **株主資本** **評価・換算差額等** **新株予約権**

　上記の左右は合計で一致しますから，英語では，バランスシート（BS）といいます。このうち，資産と負債は現実の財産ですが，純資産は単なる資産と負債の差額であって，現実に「純資産〇〇」というものが存在するわけではないことにご注意ください。しかしながら，この純資産の部は，次頁の構成になっています。

【純資産の部の構造】

```
株主資本                    ・・・・
  資本金                    ・・・・
  資本剰余金                ・・・・
    資本準備金              ・・・・
    その他資本剰余金        ・・・・
  利益剰余金                ・・・・
    利益準備金              ・・・・
    その他利益剰余金        ・・・・
      別途積立金            ・・・・
      繰越利益剰余金        ・・・・
  自己株式                  △・・・
評価・換算差額等            ・・・・
  その他有価証券評価差額金  ・・・・
新株予約権                  ・・・・
```

　すなわち，会社の累積した業績をも表します。株主が出資した軍資金である元手（資本金及び資本剰余金）で今までにどの程度の成果（利益）を上げたのかの成績表が株主資本の部分で分かります。ここが最も重要な部分です。

　純資産の部の評価・換算差額等と新株予約権は，資産なのか負債なのか不明確のため，純資産の部に計上されているだけで，本書では説明を省略します。

　なお，会社法では，取崩しの難易度を基準に「資本金・準備金・剰余金」の配列ですが，会社計算規則では，資本勘定と利益勘定を峻別するため，上記のように「資本金・資本剰余金・利益剰余金」の配列になっていますので，その差につき，ご注意ください。

　以上を前提に，例えば，甲が乙株式Y株を譲り受け，乙を子会社化するに際し，株式X株を発行し，その評価額がZ円だったとしますと，甲の貸借対照表の左側の資産の部にY株Z円が計上され，右側の株主資本にZ円分が計上されます。対価として自己株式の交付や現金の交付もあれば，その支出分はZ円から控除されますが，この差額の正味受入れ総額を**株主資本等変動額**といいます。

　上記の株主資本のどこに計上されるかは後記します（Q3-3以下参照）。

Q3-2 差益と利益並びに自己株式交付

組織再編も現物出資類似の取引とみて株式を発行・交付する会社の貸借対照表の株主資本を変動させるもののようですが，全ての組織再編がそうですか。また，自己株式が対価とされた場合はどうなりますか。

A3-2

組織再編は財産や株式を受け入れる行為ですから，取引の一種です。ただし，全ての組織再編で財産を受け入れる会社の株主資本が変動するわけではありません。株主資本が変動するのは，原則として，自社株式が対価として交付されたときだけで，対価の全部が株式以外であれば，資産と負債に変動が生じるだけで，株主資本には変化がありません。調整のため差額ののれんを計上し，「受入れ資産額＝受入れ負債額」にするため，純資産額にも変化が生じません。

また，100％子会社を消滅会社とする縦型吸収合併も特殊です。この場合は，株式投資と同様に，投資した子会社株式（抱き合わせ株式＝存続会社の有する消滅会社株式）の消滅損益として損益計算書上の特別損益の問題になります。

損益計算書上の損益と貸借対照表を変化させる取引の区別としては，「利益・損失」と「差益・差損」という用語を用いると便利です。減資差益，自己株式処分差益，合併差益など差益（又は差損）という用語を用いるときは，損益計算書上の取引ではないという意味です。

この組織再編取引の差益が株主資本等変動額というものです。例えば，甲乙の合併対価として，「新株式＋現金」が交付されたとすると，合併存続会社甲は，「乙の純資産額（資産－負債）」を受け入れる一方で，現金が甲から支出されますから，甲の合併差益はそれらを差し引いた残りになります。このとき，甲が乙の株式の一部を所有していると，その分も合併で消滅するため控除項目に加わります。甲の合併差益はそれらを差し引いた残りになります。

以上を乙の側からいうと，乙財産を現物出資したが，甲では現金支出もあり，甲の有する乙株式も合併解散で消えてしまったため，正味の甲の財産増加額は，

「受け入れた現物出資額 − 支払った現金 − 消えた乙株式帳簿価額」だということになります。グロスの収入額ではなくネットの差益です。財産が増加するとは限らないので変動額といいます。

　ここで自己株式が対価にされた場合について説明しますが，自己株式も処分によって再度流通に置くこともできますので，価値があります。したがって，本来であれば，資産の部に計上すべきですが，自己株式が全面的に解禁された平成13年商法改正（いわゆる金庫株解禁の改正商法）以後は，資産の部から貸借対照表の右側に移動し，マイナス項目で株主資本項目の1つとして計上されるようになりました。100万円で自己株式を取得したら，△100万円です。

　この100万円を120万円で処分したら，自己株式から100万円が控除されるほか，20万円が自己株式処分差益として，80万円で処分したら，20万円が自己株式処分差損として，その他資本剰余金が増減します。自己株式全部を消却したら，その他資本剰余金が100万円減少します（その他資本剰余金に残高がない間はマイナスにしておき，決算の際に，その他利益剰余金に振り替えます。資本勘定にマイナス表示はあり得ないためです）。以上については，会社計算規則第24条に明記されていますので，ご確認ください。自己株式はその他資本剰余金とセットあるいは裏返しの株主資本だともいえます。

　このように，自己株式の処分では，資本金の額に変化がないのが原則です。会社法第445条第1項に「株式会社の資本金の額は，この法律に別段の定めがある場合を除き，設立又は株式の【発行】に際して株主となる者が当該株式会社に対して払込み又は給付をした財産の額とする」とあるとおり，新株の発行でないと資本金の額が増加しないのが原則だからです。ただし，ここに「この法律に別段の定めがある場合を除き」とあるとおり，組織再編の対価として自己株式を交付した際は，資本金の額を増加させることも可能です。もっとも，そうする例はほとんどありません。取崩しに債権者保護手続を要する資本金に計上するよりも，株主が自由に使える剰余金（その他資本剰余金）のほうが会社にとっては好都合だからです。その他資本剰余金は株主配当にも回せる，まさしく剰余金です。

Q 3-3　株式交付の計算(1)（計算規則第39条の２第１項）

前２問で予備知識を得ましたので，株式交付の計算規定である会社計算規則第39条の２について説明してください。まずは，第１項からお願いします。

A 3-3

（予備解説）

株式交付は企業買収だといいましたが，それは他社の経営支配権を獲得するからです。支配の取得です。当然に買収価格は時価であり，甲の会計帳簿にも時価計上です。乙株式を買収し，甲株式で支払った場合は，乙株式の時価を基本にするか，対価である甲株式の時価すなわち対価時価で評価するかの問題はありますが，株式交付の計算は，買主側の資本金等の株主資本の増減の問題，株主資本への計上額の問題であるため，通常は対価時価です。

この株式交付（株式取得）が兄弟会社間など同一企業グループ会社間で行われると家族間取引のため経営支配権の移動という問題は生じません。こういう場合は，甲では取得した乙株式を簿価（帳簿価額）で計上します。乙株式なら乙社の１株当たりの簿価純資産額です。この家族間のことをファミリーの頂点を共通の支配者とみて共通支配下関係といいます。

以上，他人間の取引＝支配取得＝時価計上，家族間取引＝共通支配下関係＝簿価計上と覚えてください（定義は計算規則２条３項35号・36号参照）。

（計算規則第39条の２第１項）

株式交付に際し，株式交付親会社において変動する株主資本等の総額（以下この条において「**株主資本等変動額**」という。）は，次の各号に掲げる場合の区分に応じ，当該各号に定める方法に従い定まる額とする。

（注）甲の貸借対照表の株主資本の部の増減額は，という意味です。

一　当該株式交付が**支配取得**に該当する場合（株式交付子会社による支配取得に該当する場合を除く。）

吸収型再編対価時価又は株式交付子会社の株式及び新株予約権等の時価

を基礎として算定する方法

（注）かっこ内は，甲株式を乙株主に交付したら，乙株主が甲会社の大株主になってしまったという支配取得が逆転した場合です。「逆取得」といいます。移転した乙株式につき支配者に変化がないので，甲では乙株式を簿価計上します。

二　株式交付親会社と株式交付子会社が**共通支配下関係**にある場合

株式交付子会社の財産の株式交付の直前の帳簿価額を基礎として算定する方法（前号に定める方法によるべき部分にあっては，当該方法）

（注）かっこ内は，譲り受けた乙株式の株主の一部に家族以外がいた場合であり，その者との関係は他人間ですから支配取得と同様に，その株式について甲の帳簿には時価で計上するという意味です。計上額の話で，支払額の話ではありません。

三　前二号に掲げる場合以外の場合

前号に定める方法

（注）この株式交付で乙又は甲を合弁会社にする場合など，支配者を複数にする場合は，経営支配権の移転がないから，簿価計上だということです。これを「共同支配企業の形成」といいます。逆取得も本号に属します。

（ご注意：簿価計上問題）

同一企業グループに属する甲が乙を株式交付子会社とすることにし，交付比率を1：0.5にしたという場合の比率算定は原則として適正な評価額比率によります。評価は時価純資産額や収益性，今後の成長見込みなどでなされます。

ところが甲が乙株式を譲り受け甲の貸借対照表に計上する際は，これとは無関係に，乙の一株簿価純資産額を基準にします。乙が債務超過ならマイナスであり，甲の資産の部ではなく負債の部に乙株式を計上します（株式の特別勘定といい，計算規則12条。株主資本等変動額もマイナスになり，その他利益剰余金の減額）。このように，株主資本等変動額は貸借対照表への計上額の問題であり，評価とは無関係であることにご注意ください。

Q3-4　株式交付の計算⑵（計算規則第39条の2第2項・第3項）

　前問に続いて，株式交付の計算規定である会社計算規則第39条の2第2項以下について説明してください。特に，第2項ただし書は実に難解であり，手に負えません。

A3-4
1．計算規則第39条の2第2項本文について
（計算規則第39条の2第2項本文）

　前項の場合には，株式交付親会社の資本金及び資本剰余金の増加額は，株主資本等変動額の範囲内で，株式交付親会社が株式交付計画の定めに従い定めた額とし，利益剰余金の額は変動しないものとする。

（解説）

　譲り受けた乙株式の計上額合計（株主資本等変動額）は，株式交付計画で自由に資本金，資本剰余金（資本準備金とその他資本剰余金）に振り分けてよいという意味ですが，ただし書に「ただし，法第816条の8の規定による手続をとっている場合以外の場合にあっては」とあるとおり，この前段は債権者保護手続をした場合です。減資の場合と同様に，いったん資本金や資本準備金に計上しても，同時にその他資本剰余金に振り替えたのと同様に，その他資本剰余金にも計上することができるため，このような規定になっています。必ず債権者保護手続がなされる吸収合併や吸収分割に関する会社計算規則第35条第2項前段や第37条第2項前段と瓜二つの文章ですからご確認ください。

　なお，「利益剰余金の額は変動しない」とは，乙株式の現物出資類似の会計処理をしているためです。

2．計算規則第39条の2第2項ただし書について
（予備解説）

　対価として自己株式が交付された場合に，甲の帳簿から自己株式の計上額が

消えますから，甲の株主資本への計上額合計である株主資本等変動額（差益）は譲受けの乙株式計上額から甲の支出した自己株式簿価を控除したものです。

株主資本等変動額＝譲受け乙株式計上額－自己株式簿価…①

ゆえに，<u>株主資本等変動額＋自己株式簿価＝譲受け乙株式計上額</u>…②

となります。

（計算規則第39条の２第２項ただし書）

　ただし，法第816条の８の規定による手続をとっている場合以外の場合にあっては，株式交付親会社の資本金及び資本準備金の増加額は，株主資本等変動額に対価自己株式の帳簿価額を加えて得た額に株式発行割合（当該株式交付に際して発行する株式の数を当該株式の数及び対価自己株式の数の合計数で除して得た割合をいう。）を乗じて得た額から株主資本等変動額まで（株主資本等変動額に対価自己株式の帳簿価額を加えて得た額に株式発行割合を乗じて得た額が株主資本等変動額を上回る場合にあっては，株主資本等変動額）の範囲内で，株式交付親会社が株式交付計画の定めに従いそれぞれ定めた額とし，当該額の合計額を株主資本等変動額から減じて得た額をその他資本剰余金の変動額とする。

（解説）

　「法第816条の８の規定による手続をとっている場合以外の場合にあっては」，すなわち，「債権者保護手続が不要の場合にあっては」，「株主資本等変動額に対価自己株式の帳簿価額を加えて得た額に」，すなわち，「譲受け乙株式計上額に」（上記②）ということです。（新）株式発行割合を乗じてと続きますので，以下，対価として，新株式80株と自己株式20株を交付したと仮定し（株式発行割合は80％），次のように分けて説明します。

(1)　**自己株式処分差益（株主資本等変動額≧株式発行割合額）の場合**

　譲受け乙株式（仕入額）は１億円，20株の自己株式簿価（支出）は1000万円（１株50万円）であれば，前記①の計算で株主資本等変動額は9000万円。

　・新株式分は，１億円の80％である8000万円

　・自己株式分20％は2000万円で自己株式処分差益が1000万円

　この場合は，新株式分8000万円が株主資本等変動額9000万円を下回りますか
ら，8000万円から9000万円の間で資本金及び資本準備金の増加額にすることが
できるという意味です。

株主資本等変動額9000万円	
新株式分8000万円	自己株式処分差益分1000万円

　本来であれば，新株式分の8000万円だけ資本金及び資本準備金の増加額にす
ればよいのだが，自己株式処分差益の全部又は一部を同時に資本組入れしたの
と同様に，それに加えてもよいという意味です。増加額を8500万円にしたとき
は，自己株式処分差益のうち500万円がその他資本剰余金の増額になります。

(2)　自己株式処分差損（株主資本等変動額＜株式発行割合額）の場合

　譲受け乙株式（仕入額）は4000万円，20株の自己株式簿価（支出）は1000万
円（１株50万円）であれば，前記①の計算で株主資本等変動額は3000万円。

　・新株式分は，4000万円の80％である3200万円

　・自己株式分20％は800万円だが，自己株式処分差損が200万円

　この場合は，新株式分3200万円が株主資本等変動額3000万円を上回りますか
ら，条文のかっこ内に従い，3000万円までしか資本金及び資本準備金を増加す
ることができません。株主資本等変動額が限度です。

株主資本等変動額3000万円	
新株式分3200万円	
	自己株式処分差損△200万円

　分析的にみれば，新株式分3200万円を増加額とし，自己株式処分差損はその
他資本剰余金から減額する方法もありそうですが，１つの株式交付につき，こ
のような処理は認められません。通算されます。なお，資本金及び資本準備金
を増加とは，全額とも資本準備金に計上してもよいという意味です。

⑶　**全て新株式が対価とされた場合**

　「株主資本等変動額＝新株式分」ですから，全額が資本金及び資本準備金の増加額となり，実際には株式交換でよくあるように，全額とも資本準備金に計上されるでしょう。

⑷　**全て自己株式が対価とされた場合**

　「株主資本等変動額＝自己株式処分差益」なら差益の全額をその他資本剰余金に計上するのが一般的でしょう。

3．計算規則第39条の2第3項

(計算規則第39条の2第3項)

　前項の規定にかかわらず，株主資本等変動額が零未満の場合には，当該株主資本等変動額のうち，対価自己株式の処分により生ずる差損の額をその他資本剰余金の減少額とし，その余の額をその他利益剰余金の減少額とし，資本金，資本準備金及び利益準備金の額は変動しないものとする。

(解説)

　株主資本等変動額が零未満（負）になるのは，

　①新株式分は正，自己株式分は負（差損発生）で後者の負が大きい場合と

　②新株式分も自己株式分も負

という2つの場合があります。本項は①についても規定しているのでしょうか。①は，第2項の「株主資本等変動額＜株式発行割合額」と同様に，負の株主資本等変動額の全額がその他資本剰余金に計上されるのみです。その余の額はなく，その他利益剰余金の減少額は生じません。

　しかし，本項は株式発行割合や自己株式処分割合を計算に含める第2項や募集株式に関する会社計算規則第14条とも相違し，他の組織再編と同様に①をも含み，単純に「<u>株主資本等変動額が零未満の場合には，自己株式の簿価をその他資本剰余金の減少額の限度とし，その余の額をその他利益剰余金の減少額とする</u>」という意味のようです。すなわち，条文の「対価自己株式の処分により生ずる差損の額」は自己株式処分割合との差額ではなく，純粋に自己株式を消

却した場合と同様の差損の額であり，それを限度とするという意味です。

（検証）

　譲受け乙株式（仕入額）は900万円，20株の自己株式簿価（支出）は1000万円（1株50万円）であれば，株主資本等変動額は△100万円。

・新株式分は，900万円の80％である720万円

・自己株式分20％は180万円だが，自己株式処分差損が820万円

　この場合は「一方が正，他方が負」ですから通算して，その他資本剰余金が100万円減少（720－820＝△100）するのみです。第2項の「株主資本等変動額＜株式発行割合額」の特殊例であり，株主資本等変動額が限度ですし，その他資本剰余金減少額の限度内のため，その他利益剰余金の減少はありません。

　次に，乙会社が債務超過であり，譲受け乙株式（仕入額）の簿価は△200万円，20株の自己株式簿価（支出）は1000万円（1株50万円）であれば，株主資本等変動額は△1200（△200－1000）万円…と検討を進めていきたいところですが，新株式分も自己株式分も負となるため，通算はしないのですが，その他資本剰余金の減少の限度が△1000万円ですから，そこで打ち止めにし，その余の200万円をその他利益剰余金から減少します（小松岳志・和久友子著『ガイドブック会社の計算【M＆A編】』（2011年，商事法務）78頁以下）。

4．新株式と自己株式が併存した際の会計処理

　以上からお分かりのとおり，結論からいうと，対価に新株式と自己株式が併存した場合は，受入れ株式を新株式分と自己株式分に分けて計算し，双方とも正又は負のときは，原則としてそれぞれで会計処理し，一方が正，他方が負のときは通算した会計処理になるということです。

　これは募集株式等の発行でも他の組織再編でも原則として同じです（3項は例外か）。会社計算規則の規定は知恵の輪パズルのごとく難解ですが，金子式の株主資本等変動額の計算法（グロスの仕入れ値から支出額を控除したネット値）を使えば，容易に解読することができます。

Q3-5　株式交付による資本準備金増加対策

　株式交付の対価として当社の新株式を発行した場合に，債権者保護手続を必要としない株式交付であれば全額とも資本準備金に計上するのが一般的であることは理解しました。しかし，吸収合併などと同様に，株主資本等変動額の全額をその他資本剰余金に計上したいので，当社は「この株式交付に異議はないか」と任意に債権者保護手続をしようと思いますが，問題ないでしょうか。

A3-5

　株式交換でも同じ問題があり，御社と同様に「この株式交換に異議はないか」と任意に債権者保護手続をした会社もありました。しかし，条文上の根拠がないと批判されていました。当然です。これができるなら，「この募集株式発行に異議はないか」と任意に債権者保護手続をする会社ばかりになります。株式交付でも，債権者保護手続は会社法第816条の8第1項の要件を満たした場合だけに限られます。

　そこで，私は，この課題につき，株式交換は株式交換，準備金の減少は準備金の減少で別の問題として手続を併用すればよいと登記専門雑誌や中央経済社の「ビジネス法務」に投稿しておりました。平成22年（2010年）の話です。この方法の唯一の問題点は，株式交換により増加する資本準備金の額が具体的な数値で表せないことですが，「この株式交換で増加した資本準備金の額」で特定することができるので何の問題もないはずです。

　2年後の平成24年（2012年）に，とうとう実例が出ました。私の関与先の某著名上場企業です。官報公告でははじめてのケースだったため，官報本紙への掲載でありながら，枠組扱いされ，特別待遇（？）でした。官報当局を驚かせてしまったようです。

　その催告の代用となる電子公告をご紹介しますと，「当社は，平成24年○月○日を効力発生日とする○○○株式会社との株式交換（以下「本株式交換」）により資本準備金の額が増加することを停止条件として，資本準備金の額につ

いて，本株式交換による資本準備金の増加額を減少することにいたしました。この準備金の額の減少は，本株式交換に伴う株式の発行と同時に，本株式交換による資本準備金の増加額を減少するものであることから，準備金の額の減少の効力が生ずる日後の資本準備金の額が，当該日前の資本準備金の額を下回ることはありません。そのため，この準備金の額の減少は，取締役会の決議によって決定しております。この決定に対し異議のある債権者は，本公告掲載の翌日から1箇月以内にお申し出下さい」でした。

　これを発端として，同年には，やはり著名上場会社が後追いし，現在では，それなりに知られたテクニックになっています。

【官報公告例】

準備金の額の減少公告

　当社は，効力発生日を令和○年○月○日とする株式交付により資本準備金の額が増加することを条件として，その増加額全額を減少することにいたしました。この決定に対し異議のある債権者は，本公告掲載の翌日から一箇月以内にお申し出下さい。なお，最終貸借対照表は令和○年○月○日付官報（号外第○○○号）○○頁に開示しております。

　令和○年○月○日

　　　　　　　　　　　　　　　　○県○市○町○丁目○番○号

　　　　　　　　　　　　　　　　株式会社甲

　　　　　　　　　　　　　　　　代表取締役　甲山太郎

　なお，事前であれば，会社法第448条第3項により取締役会の決定により準備金の額の減少を決議することができますが，同規定は株主総会決議を排除するものではありませんから，株主総会で，この減少を決議してもかまいません。その場合は，仮に資本金の額の減少であっても，株主総会の普通決議で足りると解されています（小澤・相澤編著『通達準拠　会社法と商業登記』（2008年，金融財政事情研究会）245頁）。

第4章

株式交付の手続

Q4-1　株式交付手続の流れと日程表の作成

　実際に株式交付を実行したいのですが，効力発生日前ならいつでもよい株主総会を除外すると，どういう順序で，どの程度の期間が必要ですか。

A4-1

　株式会社甲が株式会社乙を友好的に子会社化する前提で説明しますと，概略，次のような順序になります。

(1)　開始手続

1	甲と乙あるいは乙の主要株主との間で事前協議及び方針の決定。
2	甲で業務執行機関の決定と株式交付計画の作成（会774条の2）。
3	甲で株式交付計画に関する書面等の備置き及び閲覧等（会816条の2）。

（コメント）

　1．株式交付は甲と乙との会社間の契約ではありませんが，甲が乙を子会社化する制度ですから，乙あるいは乙のオーナー株主等の協力が得られない限り，円滑に進みません（乙が上場会社で敵対的な株式公開買付けというケースもあり得るでしょうが，本書では除外しています）。

　協議内容は，乙株主のうちの誰を対象に何株まで甲が譲り受けるか，甲乙の株式評価額についてはどうするか，効力発生日をいつにして，どういう日程にするかが中心になるでしょう。<u>この段階で過半数譲受けの確実な見込み又は確約がないと，次のステップに行くべきではありません。</u>

　2．株式交付計画の作成は甲の代表取締役の権限ですが，組織再編という重要な事項ですから，取締役会での決定あるいは承認を経るのが通常です。株主総会の承認を要しない簡易株式交付にあっては，この取締役会の決定で会社の機関決定がなされたと解釈することができます（会816条の4）。

　3．甲は，株主（債権者保護が必要な場合は債権者も）の閲覧に供するため，株式交付計画備置開始日から株式交付の効力発生日後6か月を経過する日までの間，事前開示書面を本店に備え置かなければなりません（会816条の2）。

(2)　株式等申込み及び割当ての手続

1	申込みの勧誘と申込み意向の者に必要事項の通知（会774条の4）。	
2	乙株式等の譲渡しの申込み（会774条の4ほか）。	総数譲渡し契約を締結した際はそれにより，左記の2・4・5の手続は不要（会774条の6）。
3	申込期日到来（会774条の3第1項10号）。	
4	割当て及び割当通知（会774条の5）。	
5	乙株式等の譲渡しが確定（774条の7）。	

（コメント）

1．事前に譲受けの確約を受けた株数以上に株数を確保したい場合は，売り手を集めなければなりません。規定はありませんが，勧誘しないと乙株主（及び新株予約権者）は甲の株式交付の決定を知ることができません。

2．申込みしようとする者に対して，甲は自社の商号，株式交付計画の内容，その他必要事項を通知し，これを受けて申込みする場合は，氏名又は名称及び住所，譲り渡そうとする乙株式（又は新株予約権）の数（又は株式の種類及び種類ごとの数）を原則として書面で甲に申し込みます（会774条の4）。

3．申込期日までに申込数が少なく株式交付計画に定める譲受け数の下限に満たない場合は，株式交付を中止し，甲は，申込者に対し，遅滞なく，株式交付をしない旨を通知しなければなりません（会774条の10）。

4．申込みに対して，申込数の全部あるいは申込数のうち〇〇株を譲り受けるなどと甲が決定します。これも「割当て」とされています（会774条の5）。

5．割当ての結果を通知し，申込者と甲との間で，個別に乙株式（又は新株予約権）の譲渡し契約が成立し，同時に申込者は甲株式の引受人になります。

6．申込みから割当てまでの手続に関しては，申込者と甲との間で総数譲渡し契約を締結した際は，その手続によります。

7．以上の流れは募集株式の発行手続に類似していますが，その場合と同様に，実務上は総数譲渡し契約方式が中心になると予想します。

(3) 株式交付親会社株主の保護手続

1	効力発生日の20日前までに甲株主に株式交付につき通知又は公告（会816条の6第3項・4項）。
2	簡易株式交付の場合を除き株式交付の差止請求（会816条の5）。
3	簡易株式交付の場合を除き反対株主の買取請求（会816条の6）。

（コメント）

1. 甲は，効力発生日の20日前までに，甲の株主に対し，株式交付をする旨並びに株式交付子会社の商号及び住所を通知しなければなりません（会816条の6第3項）。この通知は，甲が公開会社である場合又は株主総会で株式交付計画の承認を得た場合には，公告をもってこれに代えることができるとされています（同4項）。公告は，定款に定める方法によります。

2. 株主総会の承認を要しない簡易株式交付の場合を除き，株式交付が法令又は定款に違反する場合において，甲の株主が不利益を受けるおそれがあるときは，甲の株主は，甲に対し，株式交付をやめることを請求することができるとされています（会816条の5）。

3. 株式交付に反対の甲の株主は，甲に対し，自己の有する株式を公正な価格で買い取ることを請求することができます。ただし，この請求権者になるには，株主総会で議決権を行使することができる場合は，株主総会で反対するなど一定の要件があり，実務では，この買取請求はまれです。

4. 1の通知・公告の日から2週間以内に株式交付に反対する旨を株式交付親会社に対し通知し，その数が一定数を超えたときは，簡易株式交付はできず，株主総会の決議によって承認しなければなりません（会816の4第2項）。

(4) 株式交付親会社の債権者保護手続

株式交付に際して乙の株式及び新株予約権等の譲渡人に対して交付する対価として，株式及び株式以外の金銭等が交付され，株式以外の対価が対価総額の5％以上になる場合は，甲の財務内容にも影響するため，甲の債権者保護手続が必要になります（会816条の8第1項，施行規則213条の7）。5％未満であれば，株式交付比率の調整として株式の従たる対価として扱われるためです。

⑸　最終手続

1	効力発生日（会774条の11）。
2	株式交付親会社に登記すべき事項が生じた場合は変更登記（会915条1項）。
3	事後開示手続（会816条の10）。

　１．登記義務が生じるのは対価が新株式とされた場合が主となります。

　２．甲は，効力発生日後遅滞なく，譲り受けた株式数等を記載した書面を効力発生日から6か月間，本店に備え置かねばなりません。

⑹　その他の手続

　その他，独占禁止法，金融商品取引法（有価証券届出書や公開買付規制など），必要により各種許認可事業に関する届出などが考えられますが，これらは個別性が強く，会社の各部署がご担当でしょうから，本書では取り上げません。

⑺　日程表の作成

　日程表は効力発生日を先に決めて作成します。債権者保護手続が不要で総数譲渡し契約という前提で，大雑把な日程は次のようになります（いつでもよい株主総会の承認日は省略）。最短については，Ｑ4-20をご参照ください。

【日程表案】

1月前まで	株式交付子会社と事前協議 基本合意（確実な予約者を確保し成功の確信を得る） 方針やスケジュールの決定
1月前	業務執行機関の決定と株式交付計画の作成
	20日前までの株主向け通知又は公告
	事前開示書面の備置
	申込みの予約受付
半月前	総数譲渡し契約の締結開始
数日前	申込期日
Ｘ月Ｘ日	効力発生日
	必要により登記申請・事後開示書面備置

(補足：株式交付比率と端数処理)

　交換比率1：0.2（乙の1株に甲の0.2株を割り当てる）などという場合には，株主によっては割り当てられた株式に1株未満の端数が生じかねません。その際は効力発生日後に会社法第234条の手続になりますが，現実の実務では，これを回避するため，株式分割や株主間で株式を移動し，端数の生じないようにします。

　念のため，会社法第234条の手続は，1未満の対価株式の端数合計にまた端数が生じたら切り捨てて，端数合計を整数にします。それを地方裁判所の手続で任意売却処分しますが，会社が事前に買い手を見つけておきます（自社も含む）。面倒なのは公認会計士などプロ作成の株価算定書の提出が必要なことです。こうならないように，株式交付比率で端数が生じないように事前準備しておくのが上手な手続です。

Q 4-2　事前協議と根回しの必要性

　ただいま，株式会社乙のオーナー株主であるＡ氏（51％所有）から，内密に所有する乙の株式全部を株式交付で譲り受けてほしいという打診をされているのですが，やはり乙会社との事前協議は避けられないものでしょうか。

A 4-2

1．敵対的株式交付のリスク

　会社に相談せずに行う敵対的な株式交付は，相手が上場会社でもない限り，現実には無理です。リスクが大きすぎ，次のような不都合が生じます。

① 　そもそもＡが乙の株主であることに間違いないのでしょうか。Ａが乙の社長であればともかく，そうでない限り，乙会社から干されているので，持株の売却をしたいのかもしれません。譲渡制限株式でしょうから，譲渡に会社の承認を得られない可能性もあります。

② 　定款も確認しないと，ひょっとして，会社法第109条の属人的定め（株主ごとに異なる取扱いを行う旨の定め）があるかもしれませんし，未登記の拒否権株式が定められているかもしれません。

③ 　財務内容もみない限り，Ａの売値が適正かも不明です。また，ひょっとして簿外の負債や保証がなされており，反社会的組織との金銭関係もあるかもしれません。

④ 　乙社が反発し，募集株式を発行し，議決権数を増やし株式交付の成功を阻止しようとするかもしれませんし，御社の取引先に「乗っ取り屋と取引するのか」と非難するかもしれません。

⑤ 　仮に過半数を取得し子会社にしても，役員や従業員の協力を得られなければ，この株式交付は失敗に終わります。

2．関係先にも根回しが必要

　株式交付はＭ＆Ａ又は組織再編であり，株主・役員・従業員・取引先・債権

者等多くの利害関係者のいる会社と会社同士の結婚あるいは養子縁組みたいなものです。会社の周囲とも円満にならねばなりません。

　しかし，M&A手続は秘密裏に進行するため，これとの調整で予想外の理由で失敗することも少なくありません。過去に次のような実例がありました。

①　交渉が妥結したので，乙社の社長が夕食の際に家族に話したところ，猛反対を受け中止に追い込まれた。これは乙社長の落ち度です。

②　同じく従業員に発表したら，数日のうちに労働組合が結成され，大反対を受けた。他社から侵略されるような脅威を感じたようです。これも従業員は社長のいうことを聞くと思い込んでいた乙社長の落ち度です。

③　非常に円満なM&Aで終わったと思っていたら，買収発表後に乙の取引銀行が相談もなく他社の傘下に入るとは何事だ，資金を引き揚げると怒りだし，中止に終わった。銀行の支店長の人柄もあるでしょうが，これも乙側の甘さです。

④　乙社長と何度も交渉し円満に終わると思い込んで喜んでいたところ，実は乙社のキー・パーソンは専務であり，専務の顔をつぶした結果になり，失敗に終わった。

3．基本合意書の締結を

　以上のとおり，株式交付は契約ではありませんが，実際には企業買収であり，相手が第三者企業の場合には，基本合意書を締結すべきです。秘密保持，表明保証条項（開示資料は真実だなどと表明し保証すること）など含んだ基本合意書を締結すべきです。

　また，同業者であれば，買い手側に目利き能力がありますが，異業種だと過大あるいは過少に評価してしまう傾向があります。単なる株式の取得ではなく，相手会社を子会社にし，その従業員や取引先の生活にまで責任を負うことになりますから，この会社を成長させるだけの経営に自信があるかどうかが最後の決め手です。

Q4-3　事前開示書面例

　会社法第816条の2で備え置く「株式交付計画に関する書面」の書式例の作成をお願いします。

A4-3

　備え置くものは，株式交付計画の内容その他法務省令（注：施行規則213条の2）で定める事項を記載し，又は記録した書面又は電磁的記録とされています。実例を示したいところですが，本書執筆時点では，まだないようですので，自作しますと次のようなものです。

【株式交付に関する事前開示書面例】

令和○年○月○日

株式会社甲

代表取締役　甲山太郎

　当社は，当社を株式交付親会社，株式会社乙（住所：○県○市○町○丁目○番○号）を株式交付子会社とする株式交付を実行することにいたしましたので，会社法第816条の2第1項及び会社法施行規則第213条の2に基づき，下記のとおり，開示事項を記載した書面を備え置きます。

記

1．株式交付計画の内容

　　別紙1のとおりであります。

2．本計画の譲受け株数の下限で子会社とする要件を満たすと判断した理由

　（会社法施行規則第213条の2第1号）

　　株式会社乙（以下，乙という）の総株主の議決権数（○○○個）のうち20％の○○個については当社が所有済みのため，当社が譲り受ける予定の議決権ある株式数の下限は総株主の議決権数の35％に当たる○○株にしています。乙には自己株式も議決権を制限された株式も存在しないため，本計画の実行により乙の総株主の議決権数及び発行済株式の総数の55％を所有するこ

とになりますから，子会社とする要件を満たしていると判断しております。なお，乙には，本計画の効力発生日までに，募集株式の発行など総株主の議決権数を増加させることはしない旨の確約をいただいております。

3．株式譲渡人への対価及びその割当てに関する定めの相当性（同第2号）

　　株式交付の対価は当社新株式のみとし，株式交付比率に関しましては，1株当たりの純資産額と今後の成長性を勘案し，双方がそれぞれ指定した専門家の意見をも参考にして，双方で協議した結果，1：0.2と決定いたしました。乙の1株に対して当社株式0.2株を交付いたします。なお，柔軟で機動的な資本政策を実行するため，株式資本等変動額の全額を資本準備金に計上することにいたしました。

4．新株予約権等譲渡人への対価及びその割当ての定めの相当性（同第3号）

　　乙は新株予約権を発行しておらず該当事項はありません。

5．株式交付子会社の計算書類等の財産状況に関する事項（同第4号）

　イ．最終事業年度に係る計算書類等の内容

　　当社は乙の株主でもあるため，当社の把握している乙の最終事業年度に係る計算書類等につきましては，別紙2のとおりであります。

　ロ．最終事業年度末日後の臨時計算書類等の内容

　　　該当事項はありません。

　ハ．最終事業年度末日後の重要な後発事象

　　　該当事項はありません。

6．株式交付親会社の最終事業年度末日後の重要な後発事象（同第5号）

　　該当事項はありません。

7．債権者保護手続が必要な場合は債務の履行の見込みに関する事項（同第6号）

　　該当事項はありません。

8．以上に変更が生じたときの変更事項（同第7号）

　　変更が生じた場合は速やかに開示いたします。

　　　　　　　　　　　　　　　　　　　　　　　　　　　　　　　以上

Q 4-4　株式譲渡申込みの勧誘は必要か

　このたび当社（株式会社甲）は株式会社乙と基本合意が成立し，乙のオーナー株主Ａ氏から持株の全部（乙の議決権総数の60％）を株式交付により譲り受けることにいたしました。

　しかし，当社としては，株主総会の特別決議を阻止されないため，可能であれば70％は確保したいと思っています。乙社の株主に申込みを勧誘したいのですが，当社からしなければならないものでしょうか。

A 4-4

　決まりはありませんで，最も効果的な方法を採用すべきですが，甲単独での勧誘では，勧誘された側に与える刺激も大きいでしょうから，乙社から，あるいは甲乙連名で，ご挨拶を兼ねたものにするのが無難ではないでしょうか。

　乙社から，「このたび，当社は株式交付の手続により甲の子会社になることを決定いたしました。その事情及び甲の概要は別紙のとおりであります。

　つきましては，これを機に，当社の株式（及び新株予約権）を甲に譲り渡すことをご承諾あるいはご希望なさる場合には，その旨を令和○年○月○日までに当社にお申し出ください」などといった内容になるでしょうが，甲乙連名のほうが自然だと思います。乙単独の情報に対しては，甲の情報に対して，受け手は伝聞情報と受け止めてしまいかねないからです。

　ただし，この方法は小口の株式を集める方法であり，それなりの株数保有者や，小口でも株主の間で影響力のあるリーダー格の株主には，乙社長と一緒に訪問し，挨拶がてら，打診する必要があるでしょう。

　いずれにせよ，焦りは禁物です。そのうち，新規事業の進出や設備投資資金の確保で御社からの増資により，あっさり３分の２を確保することになるかもしれません。

Q4-5　株式譲渡申込みに関する通知書及び申込書例

　会社法第774条の4第1項の株式交付子会社の株式の譲渡しの申込みをしようとする者に対して株式交付親会社がする通知書面や，同条第2項の申込書の書式例を作成していただけますか。

A4-5

　通知書面は次のようなものになります。非常に詳細ですが，その分，株式譲渡の申込書は簡単な内容になります。なお，株式交付親会社がこの通知書面以上に詳細な金融商品取引法の規定に基づき目論見書を交付した場合などは，この書面の交付を省略することができます（会774条の4第4項，施行規則179条の3）。

【株式交付に関する通知書例】

令和○年○月○日

株式会社甲

代表取締役　甲山太郎

　当社は株式交付子会社である株式会社乙の株式の譲渡しの申込みをしようとする方を対象として，会社法第774条の4及び会社法施行規則第179条の2に基づき，下記のとおり，ご通知申し上げます。

記

1．株式交付親会社の商号

　　株式会社甲

2．株式交付計画の内容

　　別紙1のとおりであります。

3．交付対価について参考となるべき事項

　①株式会社甲の定款の定め

　　別紙2のとおりであります。

　②交付対価の換価の方法に関する事項

　当社は非上場会社のため，定款で「当会社の株式を譲渡により取得するには，取締役会の承認を要する」旨を定めておりますが，IPOを目指しており，ベンチャーキャピタル等からの当社に対する投資意欲が高いため，譲渡をご希望の場合には当社で購入先をご紹介することができます。

③当社の過去5年間の確定貸借対照表

　別紙3のとおりであります（第○期以降は決算公告をしております）。

④当社株式以外の交付対価に関する事項

　全て当社株式であり，該当事項はありません。

4．当社の計算書類等に関する事項

　一．最終事業年度に係る計算書類等の内容

　別紙4のとおりであります。

　二．最終事業年度末日後の臨時計算書類等の内容

　該当事項はありません。

　三．最終事業年度末日後の重要な後発事象

　該当事項はありません。

5．その他

　以上の内容に変更が生じましたら，改めて通知いたします。

以上

【株式譲渡しの申込書例】

令和○年○月○日

株式会社甲　御中

（申込人）

住所

氏名

貴社の株式交付に応じて，下記株式の譲渡を申し込みます。

記

株式会社乙の普通株式○○株

以上

Q4-6　申込みに対する割当ての決定機関

　株式交付親会社を甲，株式交付子会社を乙として，会社法第774条の5を書き改めますと，条文の見出しには「甲が譲り受ける乙の株式の割当て」とあり，その内容でも「甲は，申込者の中から，当該甲が乙の株式を譲り受ける者を定め，かつ，その者に割り当てる当該甲が譲り受ける乙の株式の数を定めなければならない。この場合において，甲は，申込者に割り当てる当該株式の数の合計が第774条の3第1項第2号の下限の数を下回らない範囲内で，当該株式の数を，前条第2項第2号の数よりも減少することができる」となっています。

　しかし，これでは，乙株式についての甲の譲受けの決定に過ぎず，甲が交付する甲株式の「割当て」とはいえないのではないでしょうか。また，募集株式の発行に関する割当てについて規定する会社法第204条と相違し，割当ての決定機関が定められていません。これをどう解釈したらよいのでしょうか。

A4-6

　確かに違和感を禁じ得ない規定ぶりだといえます。しかし，「申込み」に対して会社が割当て対象を選択することをもって「割当て」だとするなら，株式を譲り受ける旨の承諾の決定も「割当て」になります。おそらく，それを決定すれば，株式交付計画に定める株式交付比率に応じて自動的に甲株式の割当てが決定されるため，それも踏まえて「割当て」と表現したのだと推測します。

　さて，資本増強目的の募集株式の発行では，募集（発行）決議と割当の決定の2つで成り立ち，後者の決定には，仮に公開会社であっても，会社の好まない者を株主として受け入れないようにする機能があります。割当自由の原則といわれるものです。

　これに対して，組織再編での株主の受入れは，吸収合併でも株式交換でも，全株主の受入れが原則です。株式交付も組織再編の1つですから，本来であれば，申込者の全員を受け入れるべきで，この申込者は株主として問題のある人だから不可などという選別の決定をすべきではありません。したがって，割当

自由の原則にも組織再編法理による一定の制約があり，会社法第774条の5の本意は，第774条の3第1項第2号の下限の数を超過した場合に株式交付親会社が想定した上限の数にまで減少させる「数量決め」にあると私はみています。

　したがって，申込みの数量が下限の数に近ければ，この割当ては，決定済みの業務執行行為そのものだといえるため，この決定権限は代表取締役に委ねてもよさそうですが，譲受け株式数の決定はどの程度の支配が及ぶ子会社の新規確保になるかという問題として，重要な業務執行といえますから，取締役会の決定が必要だと考えます。

Q4-7　割当ての効果としての株式譲受け

　割り当てると同時に株式が譲渡されるのですか。また，この株式が譲渡制限株式のときは株式交付子会社の譲渡承認決議が必要ですか。

A4-7

　割当てを決定したら，株式交付親会社は，効力発生日の前日までに，申込者に対し，当該申込者から当該株式交付親会社が譲り受ける株式交付子会社の株式の数を通知しなければならず（会774条の5第2項），この通知があると，申込者は株式交付における株式交付子会社の株式の譲渡人となるとされています（会774条の7第1項）。

　しかし，譲渡が実行されるのは効力発生日であって，譲渡する人になったという意味です。対価として交付される株式交付親会社の株式の面からいえば，株式引受人になったということで，まだ株主になるわけではありません。

　この株式譲渡は株式交付親会社からは組織再編といえますが，株式交付子会社からは，その株主と株式交付親会社との間の株式譲渡契約に過ぎないため，この株式が譲渡制限株式であれば，株式交付子会社において譲渡承認の機関決定が必要です。また，譲渡によって子会社を失う親会社については，会社法第467条第1項第2号の2につき，ご注意ください。

Q4-8　総数譲渡し契約書例

会社法第774条の6に規定する総数譲渡し契約例をお願いします。

A4-8

次でいかがでしょうか。

【株式交付に関する総数譲渡し契約書例】

令和○年○月○日

（甲）株式譲渡申込人

　　　住所

　　　氏名

（乙）株式譲受人

　　　　　○県○市○町○丁目○番○号

　　　　　株式会社甲

　　　　　代表取締役　甲山太郎

　株式交付子会社である株式会社乙の株主である甲は，株式交付親会社である上記乙の株式交付計画を受けて，他の株式会社乙の株主である株式譲渡申込人とともに，下記内容で乙に株式の譲渡を申し込み，乙はこれを承諾した。

記

1．譲渡しの総数　　　株式会社乙の普通株式　○○○株

　　ただし，申込みの期日の申込数が上記を下回った場合は，申込数とする。

2．上記のうち甲の申込数　△△株

3．申込みの期日　　　令和○年○月○日

4．その他

　　申込みの期日における申込数が乙の株式交付計画に定める会社法第774条の3第1項第2号の下限の数に達しなかった場合は，本契約は効力を生じない。

以上

【解説】

Ｑ4-5からＱ4-7までをみるとおり，申込みを受けて割り当てる方式は事務負担が多く，募集株式の実務では総数引受契約方式が多いため，株式交付に関する株式の譲渡契約でも同様になると思われます。

「総数」譲渡し契約の名称から，契約時点で定めた総数が譲り渡されないと総数の契約といえないのかと疑問をお持ちかもしれませんが，本書式例のように，申込みがあった時点の全部を総数とすることも可能であり，募集新株予約権の総数引受契約では「上記総数は，割当予定個数であり，引受けの申し込みがなされなかった場合等，割り当てる本新株予約権の総数が減少したときは，割り当てる本新株予約権の総数をもって発行する新株予約権の総数とする」と定める例が少なくありません。

次に，総数の契約であれば，申込者全員を1つの契約書に列挙すべきではないかという意見もあるでしょうが，募集株式の総数引受契約に関して，「①各契約書にそれぞれ引受人が発行会社との間で引受契約を締結する旨の記載があり，かつ②各契約書に『他の引受人とともにその総数を引き受ける』との記載がある場合には，③各契約書には当該契約者以外の引受人の氏名及びその引受株式数の記載がなくとも，当該各契約書をもって総数引受契約を証する書面として評価できる」とされていますから（きんざい「登記情報」554号100頁），ここでも同様に解して差し支えないでしょう。これらの記載があれば，「実質的に同一の機会に一体的な契約で株式の譲渡しが行われたものと評価しうる」（相澤哲ほか編著『論点解説　新・会社法』208頁参照）からです。

なお，この契約の締結についても，株式交付子会社の総株主の議決権のうち何個を確保することになるのかという割当てを含む重要な業務執行の決定となるため取締役会の承認が必要で，株式交付親会社の新株式の発行となる株式交付となった際には取締役会議事録が登記の添付書面として要求されると考えていますが，本書執筆時点では確定した結論には至っておりません。

Q4-9 効力発生日の20日前の通知又は公告

　会社法第816条の6第3項・第4項の効力発生日の20日前までの株主に向けた通知又は公告について，説明してください。公告例もお願いします。また，早期に株式交付を終わらせる場合の障害になりませんか。

A4-9

　株式交付親会社は，自社の株主に株式交付することは知らせるため，効力発生日の20日前までに，株主に対し，株式交付をする旨並びに株式交付子会社の商号及び住所を通知又は公告しなければなりません（会816条の6第3項・4項）。ただし，公告は，公開会社である場合又は株主総会で株式交付計画の承認を得た場合に限られます（同4項）。

　このように，法文上，非公開会社（発行する全株式が譲渡制限株式の会社）では株主総会で株式交付計画の承認を「得た」場合とされているため，効力発生日の20日前までに株主総会を開催しない限り，通知が避けられませんが，株主総会の招集通知と一緒に通知すれば事務負担の軽減になります。

　この手続は，株式交付の差止請求や反対株主の買取請求の準備をさせるため，あるいは簡易株式交付の手続を阻止し株主総会の開催を求めるためですが，株主保護の制度であるため，早期に株式交付を終了させるために総株主が同意すれば，期間の短縮が認められます（株式の譲渡制限の規定の新設に関して登記情報554号99頁以下の土手敏行「商業登記実務Q&A(4)」も肯定説）。

　総株主の同意を要する株式会社から持分会社への組織変更（会776条1項）や，合併消滅会社の総株主の同意が必要である合併対価が持分会社の持分の場合（会783条2項）については，この通知が不要ですから（会785条1項・3項参照），解釈による期間の短縮に問題はありません。

　公告は株主に向けたものであるため債権者向けの官報ではなく，定款に定める公告方法になります。次頁は，官報公告と電子公告を公告方法とする上場会社用の簡易株式交付公告の想定例です。

【官報公告例】

株式交付につき通知公告

　当社は，株式会社乙（住所○県○市○町○丁目○番○号）を株式交付子会社
とする株式交付をすることにいたしましたので公告します。

　なお，効力発生日は令和○年○月○日です。

　令和○年○月○日（以下略）

【電子公告例】

令和○年○月○日

株主各位

○県○市○町○丁目○番○号

株式会社甲

代表取締役　甲山太郎

簡易株式交付公告

　当社は，令和○年○月○日開催の取締役会において，効力発生日を令和○年
○月○日として，株式会社乙（住所○県○市○町○丁目○番○号）を株式交付
子会社とする株式交付をすることを決議いたしましたので公告します。

　この株式交付は，会社法第816条の4第1項の規定に基づき，会社法第816条
の3第1項に定める株主総会の決議による承認を受けずに行いますので，この
株式交付に反対の株主様は，本公告掲載の日から2週間以内に，当社に書面で
ご通知ください。

　電子公告の調査費用は記載分量と無関係であるため，本例のように，必要的
記載事項に当たらない効力発生日や反対の申出などについても記載することが
少なくありません。なお，本例の文面によると「本公告掲載の日から」とあり
「翌日から」とはされていませんが，電子公告は午前0時から開始しますので
間違いではありません。「書面で」という部分は，お願いであり，反対通知は
書面に限るものではありません。

Q 4-10　反対株主の買取請求手続

　組織再編で株式の買取請求がなされることは少ないようですが，内紛中で，社長派が自派の勢力拡大のために合法的に株式交付を利用したような場合には，反対派の一部が行使することもあるかもしれませんので，概略だけでも説明してください。

A 4-10

1．反対株主とは

　反対株主の買取請求は簡易株式交付には認められておらず，株主総会決議の承認を要する株式交付だけですが（会816条の6第1項ただし書），反対株主になるには，次の要件（同条2項の1号と2号）が必要です。

（反対株主の範囲）

1号　株式交付をするために株主総会（種類株主総会を含む。）の決議を要する場合は，次に掲げる株主

イ　当該株主総会に先立って当該株式交付に反対する旨を当該株式交付親会社に対し通知し，かつ，当該株主総会において当該株式交付に反対した株主（当該株主総会において議決権を行使することができるものに限る。）

ロ　当該株主総会において議決権を行使することができない株主

2号　前号に掲げる場合以外の場合は，全ての株主

　1号ロの株主とは，議決権制限株主を前提としたものですが，基準日後の株主については，議論があります。2号の株主は，簡易株式交付の場合は平成27年5月から買取請求が認められなくなったため，どのような株主を意識した規定かは不明です。さらに，1号の「決議を要する場合」に簡易株式交付の要件は充足するが，任意に株主総会で承認決議をした場合も，これに含まれ，反対すれば買取請求の権利があるのかもはっきりしません。

2．買取請求期間

　会社法第816条の5第5項により「効力発生日の20日前から効力発生日の前日までの間」です。もっとも，効力発生日の1か月以上も前に通知を受領し，あるいは公告が掲載されたのに，20日前にならないと請求してはいけないというものでもないでしょう。株主総会が買取請求期間以前に開催されることも少なくありません（10月1日を効力発生日とした組織再編につき，6月下旬の定時株主総会で承認決議する上場会社が多い）。

　なお，この期間につき総株主の同意があれば短縮することができることは前問の解説をご参照ください。

3．反対通知と買取請求書例

　株主総会で議決権を行使することのできる株主は，株主総会での反対が必要ですが，事前に条件付きで請求することも可能です。請求の際は，その株式買取請求に係る株式の数（種類株式発行会社にあっては，株式の種類及び種類ごとの数）を明らかにする必要がありますから，次のような文面になるでしょう。株券があれば株券の提出も必要です。

【反対株主の反対通知及び買取請求書例】

株式交付反対のご通知　兼　株式買取請求書

令和〇年〇月〇日

株式会社甲　御中

東京都〇〇区〇〇町〇丁目〇番〇号

株主　〇〇〇〇

　私は，貴社の普通株式〇〇株を所有する株主です。先般，ご通知いただいた貴社を株式交付親会社とする株式交付につき，私は反対であります。したがって，きたる令和〇年〇月〇日開催の貴社臨時株主総会でも反対いたしますので，あらかじめご通知申し上げますとともに，総会で反対した際は，私の所有する貴社株式全部を公正な価格でお買取り願いたく，ご請求申し上げます。

以上

Q 4-11　簡易株式交付

　当社も株式交付を検討する予定ですが，当社の規模に比し，株式交付子会社候補は小さい会社ですから，いわゆる簡易株式交付という株主総会の承認決議なしに取締役会だけで実行することのできる方法を採用することができますか。なお，当社は上場会社ではありません。

A 4-11

1．簡易株式交付の要件

　わが国の未上場会社のほとんどが，見知らぬよそ者が容易に株主として参入して来ないように，定款に「当社の株式を譲渡により取得するには取締役会の承認を受けなければならない」などと参入障壁を設けた非公開会社であり，御社もそうでしょうから，簡易株式交付は無理です。この定款の定めは登記されていますので，御社の登記事項証明書をご確認ください（この定めが登記されておらず定款にもなければ公開会社です）。

　なお，非公開会社の発行する株式は「譲渡制限株式」と呼ばれていますが，上場会社が取締役や従業員へのインセンティブとして発行する「譲渡制限付株式」は「譲渡制限契約付株式」のことで，株式の内容あるいは種類としては譲渡制限株式ではありませんので，混乱しないことです。

　このような非公開会社においては，新たな株主を迎え入れる新株式の発行や自己株式の処分の際にも慎重な対応が必要になり，株主総会の決議が必須になっています（会199条）。この規定との均衡上，組織再編で株式を交付する際も，株主総会の決議が必須とされ，簡易組織再編は認められていません。

　もっとも，御社の株主数が少なければ，基準日を定める必要もなく，株主総会の開催も容易ですし，開催を省略する書面決議（会319条1項）という方法もありますから，特段の不都合は生じないと考えます。

　可能性としては小さいのですが御社が公開会社であれば，簡易株式交付も可能です。

　簡易株式交付の要件は，積極的には，株式交付の対価の帳簿価額（株式の場合は1株当たりの純資産額で計算）の合計が御社の純資産額の20％以下であること，消極的には第1に非公開会社ではないこと，第2に原則としてこの株式交付で差損（純資産額の減少）が生じないこと，第3に効力発生日の20日前までの通知又は公告の日から2週間以内に株式交付に反対する旨が一定の株式数に達しないことです（会816条の4第1項，816条の3第2項，施行規則213条の4参照）。株式交付親会社や株式交付子会社の規模とは無関係です。また，必ず債権者保護手続がなされる吸収合併でも簡易手続があるように，債権者保護手続の要否と簡易手続の要否も無関係です。

　第2の消極的要件である株式交付差損の発生は，同一企業グループの債務超過会社を子会社化する場合を除くと，株式を受け入れる組織再編では，対価として株式以外（例えば金銭）が交付されても，受け入れる株式等の計上額を超えることはまれですから，この要件を充足することは少ないでしょう。

　第3の消極的要件の一定数とは，株式交付承認の株主総会特別決議を否決するに必要な議決権数のことです（施行規則213条の6）。議決権総数の2分の1以上が出席し，その3分の1以上の反対が必要な場合には，その乗数6分の1を超える反対があればよいため，その乗数プラス議決権1個です。株主間で内紛中でもない限り，この要件を満たすことはないに等しいでしょう。

　なお，Q4-9の簡易株式交付の電子公告例では，「この株式交付は，会社法第816条の4第1項の規定に基づき，会社法第816条の3第1項に定める株主総会の決議による承認を受けずに行いますので，この株式交付に反対の株主様は，本公告掲載の日から2週間以内に，当社に書面でご通知ください」と記載されていましたが，上記の趣旨を受けたものです。

（会社法第816条の4第1項及び第2項の意訳）

1．第1号に掲げる額の第2号に掲げる額に対する割合が5分の1を超えない場合には，株主総会の承認決議を要しない。ただし，この株式交付で差損が発生する場合又は株式交付親会社が非公開会社の場合は，この限りでない。

　一　次に掲げる額の合計額

　イ　株式交付子会社の株式及び新株予約権等の譲渡人に対して交付する株式交付親会社の株式の数に1株当たり純資産額を乗じて得た額

　ロ　株式交付子会社の株式及び新株予約権等の譲渡人に対して交付する株式交付親会社の社債，新株予約権又は新株予約権付社債の帳簿価額の合計額

　ハ　株式交付子会社の株式及び新株予約権等の譲渡人に対して交付する株式交付親会社の株式等以外の財産の帳簿価額の合計額

　二　株式交付親会社の純資産額として法務省令で定める方法により算定される額

2．前項本文に規定する場合において，会社法施行規則第213条の6で定める数の議決権のある株式を有する株主が効力発生日の20日前までの通知又は公告の日から2週間以内に株式交付に反対する旨を株式交付親会社に対し通知したときは，当該株式交付親会社は，効力発生日の前日までに，株主総会の決議によって，株式交付計画の承認を受けなければならない。

2．書式例

　株式交付で新株式が発行され，登記が必要になった場合は，簡易株式交付を証する書面の提出が必要です。商業登記法第90条の2第3項ですが，上記の積極的要件だけでなく「会社法第816条の4第2項の規定により株式交付に反対する旨を通知した株主がある場合にあっては，同項の規定により株主総会の決議による承認を受けなければならない場合に該当しないことを証する書面を含む」とあります。少しでも反対があった場合は，これも記載事項です。

　次の書式例でいかがでしょうか。現金対価等が存在し，債権者保護手続も必要になる場合は，下記のロやハについても記載が必要になりますので，適宜修正してください。

【簡易株式交付該当証明書例】

会社法第816条第1項本文（簡易株式交付）に該当することを証する書面

令和○年○月○日

管轄法務局　御中

株式会社甲

代表取締役　甲山太郎

　下記のとおり，会社法第816条第1項本文の簡易株式交付の要件を満たすことを証明します。

記

1．次の(1)は(2)の5分の1（20％）以下であります。

　　なお，株式交付の対価は当社株式のみのため，会社法第816条の4第1項第1号ロ及びハの該当する額はいずれも金0円であり，計算から除外しております。

　　(1)　交付株式数○○株×1株当たりの純資産額（金○○円弱）

多くとも金○○○万円

　　(2)　会社法施行規則第213条の5に定めた時点の当社純資産額

少なくとも金○○○万円

　　(3)　(1)÷(2)×100（単位：％）　　　　　　　　　　　○.○％

2．会社法第816条の4第2項により，所定の期間内に株式交付に反対する旨の通知をしてきた株主数は3名であり，その議決権の合計は○○個でした。これは，議決権総数の5％にも満たず，会社法施行規則第213条の6に定める数に達せず，簡易株式交付の支障になりません。

3．当社定款には，簡易株式交付の要件を加重する定めはありません。

以上

　簡易組織再編の際は，このような書式が登記の添付書面として必要ですが，実務上，純資産額の正確な数値が分からないがどうすればよいのかという質問がしばしば寄せられます。しかし，ここは，5分の1以下かどうかを示すことが目的ですから，上記のように「多くとも」「少なくとも」と挿入するか（かつては，こういう記載がよくなされていました），それに抵抗がある場合は，単位を百万円や億円に上げることです。

Q 4-12　効力発生日前日の株主総会承認決議

　会社法第816条の３第１項によると「株式交付親会社は，効力発生日の前日までに，株主総会の決議によって，株式交付計画の承認を受けなければならない」とありますが，そんなぎりぎりの承認決議でもよいのですか。また，それまでは，有効でない株式交付計画だったことになりませんか。

A 4-12

　疑問はもっともですが，立ち位置の相違が原因です。

　株式交付計画作成時点を立ち位置にすると，これから株主総会の決議をして，株式交付計画を適法・有効なものに確定させ，株式交付子会社の株主に声をかけ，申込みを受けて………と，効力発生日のゴールを目指して，「これからの手続」を進めることになりますが，これは旧商法時代の思考です。

　会社法では，旧商法の「ものの見方・考え方」を全面的に逆転させており，例えば，募集株式については，旧商法の「発行価額」が会社法では「払込金額」になりましたし，株式の譲渡制限も取得の制限となりました。

　資本金の額の減少や組織再編手続においても，ゴールである効力発生日を立ち位置の基準に置き，効力発生日時点から過去の手続をみて，株主総会は済んだか，公告も済んだか………とチェックするのであり，過去の手続の順序は原則として問いません。そのため，株式交付計画の承認決議も，効力発生日の前日まででよいわけです。これは簡易株式交付の取締役会決議でも同様です。

　とすると，それまでの手続は，株式交付計画が有効でないのに株式の申込みなどを受けていたのかという次の疑問になりますが，吸収合併契約の条項として「株主総会の決議による承認を得られなかった場合は，本契約は失効する」などとあるとおり，株主総会や取締役会の承認なしを解除条件としているので手続としては最初から有効です。なお，たまに承認があることを停止条件とする合併契約書などもみかけますが，ラフに打ち込んでも，効力発生日になれば瑕疵は治癒されたという判断だと思います。

Q4-13 株式交付計画のリアル承認議事録例

　未上場企業を前提に，株主総会での，あるいは簡易手続の取締役会での承認決議の議事録例をお願いします。ただし，どこの書籍にも議事録例の記載がありますし，インターネットでも調べられますので，本書らしくユニークな視点でのものをお願いします。抜粋又は要約で十分です。

A4-13

1．リモート出席の会議について

　それでは最近流行の一部がリモート出席の議事録例にしてみましょう。

　なお，リモート出席とは，会議への出席方法であり，身体が会場に存在しないだけで，議事に参加し出席していることに変わりがありません。したがって，支店や工場から参加とか，自宅やホテルから参加などと「どこから」を記載する必要もありません（相澤哲ほか編著『論点解説　新・会社法』（2006年，商事法務）Q637）。記載が必要だとしても証明ができませんし，会社に内緒の場所にいる役員は困ることでしょう。

【リモート出席が合法の根拠】

会社法施行規則72条３項／株主総会の議事録は，次に掲げる事項を内容とするものでなければならない。 ― 株主総会が開催された日時及び場所（<u>当該場所に存しない取締役（略），執行役，会計参与，監査役，会計監査人又は株主が株主総会に出席をした場合における当該出席の方法を含む。</u>）
会社法施行規則101条３項／取締役会の議事録は，次に掲げる事項を内容とするものでなければならない。 ― 取締役会が開催された日時及び場所（<u>当該場所に存しない取締役（略），執行役，会計参与，監査役，会計監査人又は株主が取締役会に出席をした場合における当該出席の方法を含む。</u>）

　また，電話会議方式，テレビ会議方式，ビデオ会議方式，WEB会議方式などと様々な呼称がありますが，当初よりその方式で会議を開催した場合だけでなく，今後は急にリモート出席に変更する場合も十分に想定されますので，本書では「リモート出席」と表現することにしました。

　このリモート出席は取締役会の決議で多用されていますが，株主総会でも利用することができます。取締役会を含め，全員がリモート出席でも招集された会場での議事に参加し出席していることに変わりがありませんので，合法で有効な会議です。上場会社で認められるようになった仮想の空間で行われるバーチャル総会（場所の定めのない株主総会の開催）とは相違します。

　ところで，取締役全員がリモート出席することに疑問をお持ちの法律家は，社長の自宅を会場にするようアドバイスしているようですが，現実にはあり得ないことです。会議というのは，招集場所を決めて招集するものです。取締役会であれば，本社会議室が最も適しています。

2．株主総会招集通知例

　株主総会議事録よりも株主総会招集通知に添える資料に，どの程度の株式交付計画の内容を折り込むかのほうが大事です。株式交付が必要な理由と株式交付計画の全文を最低限掲載し，あとは事前開示事項（Ｑ4-3）を参考に適宜引用した内容にすればよいと考えます。なお，吸収合併や株式交換では，議案を「○○株式会社との○○契約の承認の件」などとしますが，株式交付計画は契約ではないので，「株式会社乙との株式交付計画承認の件」という議案の表現は不適切です。

【株主総会招集通知例】

臨時株主総会招集のご通知

　拝啓　ますますご清栄のこととお慶び申し上げます。

　さて，当社臨時株主総会を下記のとおり開催いたしますので，ご出席くださいますようご通知申し上げます。

　なお，当日ご出席願えない場合は，お手数ながら添付した資料をご検討いただき，同封の委任状用紙に議案に対する賛否をご表示，ご押印のうえ，折り返しご送付くださいますようお願い申し上げます。　　　　　　　　　敬具

記

1．日　　　　時　　令和○年○月○日（○曜日）午前10時
2．場　　　　所　　○県○市○町○丁目○番○号　当社本店
3．会議の目的事項
　　各議案の概要は別添資料のとおりであります。
　　第1号議案　株式交付計画承認の件
　　第2号議案　株式交付に伴う取締役○名選任の件
4．その他
　　リモート出席をご希望の方は，前日までに事務局までご連絡くださいますようお願い申し上げます。　　　　　　　　　　　　　　　　　　　以上

3．株主総会議事録例
　解説すべき部分に下線を引いております。

【臨時株主総会議事録例】
臨時株主総会議事録

1．日　　　　時：令和○年○月○日午前10時
2．場　　　　所：○県○市○町○丁目○番○号当会社本店会議室
3．出　席　者：発行済株式の総数　　　　　　　　　　　　1000株
　　　　　　　　　この議決権を有する総株主数　　　　　　　　15名
　　　　　　　　　この議決権の総数　　　　　　　　　　　　980個
　　　　　　　　　本日出席株主数（委任状出席を含む）　　　　13名
　　　　　　　　　<u>ただし，株主○○ほか2名はリモート出席した。</u>
　　　　　　　　　この議決権の個数　　　　　　　　　　　　910個
4．議　　　　長：代表取締役　甲山太郎
5．出席役員：取締役　甲山太郎，甲山次郎，乙川一郎<u>（リモート出席）</u>

6．会議の目的事項並びに議事の経過の要領及び結果：

　議長は，<u>本総会へのリモート出席については，出席者が一堂に会するのと</u><u>同等に適時・的確な意見表明が互いにできる状態となっていることを確認し</u><u>た後</u>，開会を宣し，上記のとおり定足数に足る株主の出席があったので，本総会は適法に成立した旨を述べ，議案の審議に入った。

　第1号議案　株式交付計画承認の件

　議長は，本総会招集通知に添付された資料をもとに，株式会社乙を株式交付子会社とする本株式交付をする理由を詳細に説明し，株式交付計画の承認につき議場にはかったところ，<u>法定要件を満たす賛成を得て</u>承認可決した。

　第2号議案　株式交付に伴う取締役○名選任の件

　……<u>法定要件を満たす賛成を得て</u>選任可決した。

7．閉　　会：議長は午前10時45分閉会を宣言した。

　以上のとおり，議事録作成者が<u>本議事録を作成する</u>。

　　　　　令和○年○月○日

　　　　　　　株式会社甲　臨時株主総会議事録

　　　　　　　　議事録作成者　代表取締役　甲山太郎

（解説）

　リモート出席の場合は誰がその方法で参加したか（どこからの記載は不要。株主の固有名詞は不要と解する）と，議長の最初の発言のような記載が必要だとされています。もっとも，この発言部分の記載には時代背景が強く影響しており，今後とも絶対に記載が必要なものかどうかは，かなり疑問です。現在でも，記載せずに登記が受理されているとも聞いています。確かに，○○を利用したWEB会議などと記載し，○○が適時・的確な意見表明が互いにできるものと周知されている場合には，記載不要で十分だと考えますが，単に「リモート」としただけの場合は現時点では記載しておくべきでしょう。リモート出席が普及すれば，そのうち記載不要が一般化すると思います。

　次に，書式例によると，最後にリモートの中断がなかったことまで記載する例もありますが，電子公告と相違し，仮に中断しても，休憩し，再開すればよ

いだけなので（十分に議論したかがポイントです），私は記載不要説です。

　議案の可決の記載方法について，あえて本例では，特別決議かどうかを問わず（会309条2項），万能の記載表現である「法定要件を満たす賛成」に変えてみました。某上場会社では「法定多数の賛成」とさらに簡略記載です。

　「本議事録を作成する」でとどめ，「以下に記名押印する」は，あえて記載しないことが今後増えることでしょう。会社法では株主総会議事録に押印を求めていませんので，それに従ったまでで，押印するかどうかは自由です。

4．取締役会議事録例

　解説すべき部分に下線を引いております。

【取締役会議事録例】
取締役会議事録

1．日　　時：令和○年○月○日午前11時から12時まで
2．場　　所：当会社本店会議室
3．出席者：取締役総数4名，出席取締役数3名

　　　　　　甲山太郎，甲山次郎，乙川一郎（全員リモート出席）

　　　　　監査役総数2名，出席監査役数1名

　　　　甲山良子（全員リモート出席）

　　　　（その他として事務局2名出席）

4．議　　事：

　上記のとおり出席があり，取締役会は有効に成立した。代表取締役甲山太郎は定款の定めに従い議長となり，本会へのリモート出席については，出席者が一堂に会するのと同等に適時・的確な意見表明が互いにできる状態となっていることを確認した後，議案の審議に入った。

　　　　議　案　　株式交付計画承認の件

　議長は，別紙のとおり株式交付計画（案）を示し，審議を求めたところ，質疑応答はあっても特段の異論がなかったため，その決をとったところ，全員一致により賛成可決した。

　議長は，以上をもって本日の議事を終了した旨を述べ閉会した。

　以上の決議を明確にするため，本議事録を作成し，出席取締役及び監査役全員が次に記名押印する。

　令和○年○月○日　　株式会社甲　取締役会

議長・代表取締役　甲山太郎　　㊞

出席取締役　甲山次郎　　㊞

出席取締役　乙川一郎　　㊞

出席監査役　甲山良子　　㊞

（解説）

　リモート部分の下線は株主総会議事録に記載したとおりです。あえて全員リモート出席の例にしました。某上場会社の実例もあります。

　この書式例にあえて記載不要の（その他として事務局2名）を挿入したのは，こういう記載があると，こういうことに不慣れな登記所でも，「なるほど，これなら全員がリモートでも社長の自宅を会場にしないのが自然だ」と思ってくれ，余計な問い合わせをしてくることもなく，審査が速やかに終わるための私流の心理作戦です。

　なお，株主総会議事録には押印が不要なのに，取締役会議事録で必要になるのは，取締役会の議案に賛成したかどうかが個々の役員の責任問題になるためであり，株主総会はそのような場面ではなくオープンな会議だからです。

Q 4-14　株式交付計画の承認「書面決議」議事録例

　当社の株主は5名しかいませんので，会社法第319条第1項の書面決議による議事録例をお願いします。注意点はどこですか。なお，ほぼ同じでしょうから，取締役会書面決議は省略して差し支えありません。

A 4-14

1．会社法第319条は株主総会ではない

⑴　会議方式と同意方式

　しばしば誤解されていますが，会社法第319条は会議である株主総会の規定ではありません。会議ではないが「決議があった」とみなしているだけです。

　さて，会社法が定める意思決定方法には，次のとおり，会議方式と同意方式の2つがあります。

【商業登記法第46条第1項と第2項の比較】

1項 （同意方式）	登記すべき事項につき株主全員若しくは種類株主全員の同意又はある取締役若しくは清算人の一致を要するときは，申請書にその**同意又は一致があつたことを証する書面**を添付しなければならない。
2項 （会議方式）	登記すべき事項につき株主総会若しくは種類株主総会，取締役会又は清算人会の**決議**を要するときは，申請書にその**議事録**を添付しなければならない。

　会議方式は，いつどこに集まれという「招集」があって，「招集場所（会場）」に集合し，議論し，多数決で決定するものです。この決定を「決議」といい，これらの経緯を表したものが「議事録」です。

　これに対して，同意方式は，個々にテーマにつき同意するかどうかの意思表明であり，方式は自由であり，招集も議論も不要です。提案者も不要です。

　同意方式の典型例は，株式会社が持分会社に組織変更する際の「総株主の同意」（会776条1項）ですが，発起人の決定，非取締役会設置会社の取締役の過

半数の決定（取締役の互選を含む）もこれであり，個々ばらばらの同意書でもよく，過半数の同意があると，これを「一致」と商業登記法第46条第1項は表現しています。

⑵　会社法第319条第1項は同意方式

　会社法第319条の見出しは，「株主総会の決議の省略」です。決議をしていないのです。第1項には「取締役又は株主が株主総会の目的である事項について提案をした場合において，当該提案につき株主（当該事項について議決権を行使することができるものに限る。）の全員が書面又は電磁的記録により同意の意思表示をしたときは，当該提案を可決する旨の株主総会の決議があったものとみなす」とあります。

　つまり，個々ばらばらの同意方式で全員の意見が一致すれば，会議で決めたのと同様の決議があったものとみなしているだけで，意思決定方法は同意方式（ただし提案者が存在）に過ぎません。

　したがって，会社法第342条の2第3項に「監査等委員である取締役を辞任した者は，辞任後最初に招集される株主総会に出席して，辞任した旨及びその理由を述べることができる」とありますが，書面決議はこの「招集される株主総会」に該当しないため，本規定は適用されません。

　手段は同意方式，結果はみなし決議であるため，商業登記法第46条第3項は「登記すべき事項につき会社法第319条第1項（略）又は第370条（略）の規定により株主総会若しくは種類株主総会，取締役会又は清算人会の決議があつたものとみなされる場合には，申請書に，前項の議事録に代えて，当該場合に該当することを証する書面を添付しなければならない」と規定しています。この規定の「当該場合に該当することを証する書面」が会社法施行規則第72条第4項の「みなし議事録」です。

　なお，取締役が提案者になる際は，取締役会で議案を決定してから提案しなければならないとの有力な見解もありますが，この書面決議は招集された会議ではなく，株主でさえ提案者になれるため，少数説にとどまっています。

2．提案書及び同意書例

　1枚にまとめた簡略な書式例にしてみました。提案者は代表取締役に限定されないこと，定時株主総会の場合は会社法第320条（株主は提案者になれない）を忘れないことが注意点です。

【提案書及び同意書例】

令和○年○月○日

株主　各位

株式会社甲

代表取締役　甲山太郎

臨時株主総会に関するご提案

拝啓　ますますご清栄のこととお慶び申し上げます。

　さて，当社の臨時株主総会につき，下記のとおり会社法第319条第1項に従い，株主総会の目的である事項についてご提案いたします。つきましては，下記につきご検討いただき令和○年○月○日までにご同意いただけますようお願い申し上げます。なお，その期日以前に，ご同意いただきましても，同日付けでご同意いただいたものとみなさせていただきますことを併せてご了承くださいますようお願い申し上げます。

敬具

記

議案　株式交付計画承認の件

　内容の詳細は添付資料のとおりであります。

以上

（同意書欄）

同意書

令和○年○月○日

（株主氏名）

　ご提案を受けた上記の事項の全てについて，同意いたします。

以上

3．議事録例

　以下の書式例中「なお，当社の株式及び株主状況は次のとおりである」は
あったほうが分かりやすいという意味で挿入しましたが，任意記載事項です。

　株主総会の決議があったものとみなされた事項の内容につき，議案だけ記載
する例もみかけますが，決議通知と同様に可決したことを明記したほうがよい
でしょう。なお，本書も押印は任意です。

【株主総会書面決議議事録例】

臨時株主総会議事録

　会社法第319条第1項により株主総会の決議があったものとみなされたので，
会社法施行規則第72条第4項に基づき，以下のとおり議事録を作成する。なお，
当社の株式及び株主状況は次のとおりである。

発行済株式の総数	1000株
この議決権を有する総株主数	5名
この議決権の総数	980個

1．株主総会の決議があったものとみなされた事項の内容

　　議案　株式交付計画承認の件

　　効力発生日を令和○年○月○日とする株式交付計画を承認する。

2．上記の提案者

　　当社代表取締役　甲山太郎

3．株主総会の決議があったものとみなされた日

　　令和○年○月○日

4．議事録の作成に係る職務を行った取締役の氏名

　　当社代表取締役　甲山太郎

　以上のとおり，議事録作成者が本議事録を作成する。

　　　　令和○年○月○日

　　　　　　　　　　株式会社甲　臨時株主総会議事録

　　　　　　　　　　議事録作成者　代表取締役　甲山太郎

Q 4-15　株主総会議事録と株主リスト

株主総会議事録を登記申請で添付する場合には株主リストというものを添付しなければならないようですが，これはどういうものですか。書式例はどこにありますか。

A 4-15

平成28年10月1日施行の改正商業登記規則で，株主総会（会319条1項の書面決議や種類株主総会も含む。以下同じ）で登記すべき事項を決議し，その議事録を添付する際には，決議に参加したかどうかを問わず，総株主の議決権総数に占める議決権割合が多い順に上位3分の2まで（10名を超える場合は10名まで）の株主の氏名・住所・株式数・議決権数・議決権割合を示した書面を提出しなければならないとされました（同規則61条3項）。これを一般に株主リストと呼んでいます。

書式例は「株主リスト　法務省」で検索すれば，出てまいりますので，それを利用する人が多いのですが，例によって，私は自作しております。

【株主リスト例】

商業登記規則第61条第3項の証明書

令和○年○月○日

株式会社甲

代表取締役　甲山太郎

令和○年○月○日付当社臨時株主総会の全議案に関する表題の事項につきましては，次のとおりであります。なお，総株主の議決権数は980個であります。

株主氏名及び住所	持株数	議決権数	議決権割合
○県○市○町○丁目○番○号　甲山太郎	600株	600個	61.22%
○県○市○町○丁目○番○号　甲山次郎	150株	150個	15.30%

以上

Q4-16　株式交付親会社が種類株式発行会社のとき

当社は従業員持株会向けに無議決権の配当優先株式を発行している種類株式発行会社です。株式交付の際に普通株式を対価とした場合と優先株式を対価とした場合に何か特別の手続が必要ですか。なお，当社は非公開会社です。

A4-16

1．種類株主総会が必要な2つの場合

御社が非公開会社なら発行する株式は譲渡制限株式だという前提で説明しますと，種類株主総会の要否は次の2つの場合をご検討ください。

(1)　譲渡制限株式特有の種類株主総会

譲渡制限株式は見知らぬよそ者が株主にならないようにするなど既存株主を守る制度ですが，これは種類株式内部でも同様であり，普通株式を発行するときは普通株主の種類株主総会，配当優先株式を発行するときは配当優先株主の種類株主総会が必要です。ただし，定款の定めでそれを不要とすることができます。以上については，会社法第816条の3第3項に規定されています。

(2)　種類株式間で不平等が生じたとき

もう1つは会社法第322条第1項に規定されていますが，株式交付により，ある種類の株式の種類株主に損害を及ぼすおそれがあるときは，その不利益を受ける種類の株式の種類株主総会が必要です。これも，定款の定めで不要とすることができます。

2．株式交付と種類株主総会

仮に配当優先株式のみが株式交付で対価とされると，配当優先の株式が増えて普通株主が不利益を被ると考えてしまいがちですが，この株式の定款に定める発行限度（発行可能種類株式総数）の枠内であれば，その定款を定めた際に普通株主も承認済みなので，種類株主総会は不要です。いずれにせよ，いざ実行という場合には，種類株式に詳しい専門家とご相談して対応することです。

Q 4-17　株式対価で債権者保護が不要な理由

　Q 4-1に，「株式交付に際して乙の株式及び新株予約権等の譲渡人に対して交付する対価として，株式及び株式以外の金銭等が交付され，株式以外の対価が対価総額の５％以上になる場合は，甲の財務内容にも影響するため，甲の債権者保護手続が必要になります（会816条の８第１項，施行規則213条の７）。５％未満であれば，株式交付比率の調整として株式の従たる対価として扱われるためです」とありましたので，株式対価オンリーであれば債権者保護手続が不要であることは覚えました。しかし，譲り受ける乙株式が100の価値があるとして，交付する株式交付親会社の株式価値が150なら，親会社は損であり，債権者にも迷惑をかけるというべきではありませんか。なぜ，株式対価のときは，債権者は異議を出せないのですか。

A 4-17

　企業評価のことで債権者に異議を出されたら，債権者ではなく株主になってしまいます。他の企業にとっては，100の価値しかないとみても，別の企業からは将来性豊かな金の卵で300でも安いということもあります。

　それはそれとして，株式交付は，吸収合併や吸収分割のような負債を含む事業財産を受け入れる再編（債権者からみれば財産内容が大幅に変更する再編）ではないことと，仮に交付する甲株式の数を渡しすぎだとしても，甲の既存株主が不利益を受けるだけで（その代わり，差止請求や買取請求の権利がある），現実の会社財産自体の減少につながらないからです。株式交付親会社自身は特段の負担もなく，乙会社を買収したのであって，損はありません。

　なお，債権者保護手続は，官報に債権者異議申述公告を掲載すること，知れている債権者に各別にこれを催告することなど，他の場合と同様です。

Q4-18 株式交付で債権者保護が必要になる場合

　株式交付で債権者保護手続が必要になることは少ないとしても，どういうケースならありそうですか。

A4-18

1．株式のほか現金対価が交付されるとき

　会社法によると，組織再編の対価としては，株式，社債，新株予約権，新株予約権付社債，その他の財産（主として現金）と何でも対象にすることができるように規定されていますが，実務では，「株式，現金，無対価」の3つしかありません（少なくとも私は他の対価の事例につき聞いたこともありません）。

　現金対価は，株式交換手続を利用して，総株主の議決権の80％を所有する子会社において，20％の少数株主をキャッシュアウトし100％子会社にする際などに利用され，無対価は完全親子会社間や兄弟会社間の組織再編で利用されています。

　株式交付でも，複数の種類株式を譲り受ける際に，そのうちの一部に無対価ということも想定されていますが，現実には「株式，現金」の2つでしょう。それも，株式交付の株式は親会社になる側の株式のことであり（株式交換は子会社の株式），必ず株式の交付が必要であるため，「株式＋現金」のケースになります。普通株式には株式対価，種類株式には「＋現金」対価も考えられますが，ありそうな例としては，例えば，次のような株式交付計画の場合です。

（譲り受ける株式の数の下限）

第3条　甲が本株式交付により譲り受ける乙の株式の数の下限は，乙の総株主の議決権数のうち60％の議決権を有する株式600株とする。

（株式譲受けの対価と割当て）

第4条　甲は，本株式交付に際して，甲株式とともに金銭を交付することとし，申込者の中から乙の株式を譲り受ける者を定め，その者の所有する乙株式1株に対して甲株式0.2株及び金3万円を割り当てる。

2．現金対価を併用する理由

　いま甲の 1 株価値が10万円，乙のそれが 5 万円とすると，株式交付の比率は 1 ：0.5となり，対価が甲株式のみであれば，「乙株式 1 株に対して甲株式0.5株を割り当てる」となり，乙株式600株に対して，甲株式300株の交付です。しかし，甲株式を300株も乙側株主に交付すると，甲の株主構成上，乙株主の発言権が強くなりすぎて困るという場合には（過半数超えると逆取得，Ｑ 3 - 3参照），対価に金銭を併用することによって交付する甲株式数を減少させたいと甲は考えるはずです。逆に，相対の株式譲渡の方式を採用する株式交付では，乙株主側でもこの際に一部は現金化したいということもあるでしょう。

　そこで，甲は 1 株 5 万円のうち， 3 万円分は金銭， 2 万円分は株式対価と考えたとすると，株式交付比率は10万円対 2 万円で， 1 ：0.2です。乙株式600株の受入れで，甲株式の増加は120株（と金1800万円）になります（注）。

　この結果は，甲の既存財産から現金1800万円の支出です。対価が株式だけであれば会社財産の減少はないが，金銭まで対価に加わると会社財産が流失します。こういう際に債権者保護手続が必要になります。

　もっとも，事前の交渉で，1800万円で36％の360株を金銭で買収し，甲も乙の株主になっておき，株式交付計画では「甲が本株式交付により譲り受ける乙の株式の数の下限は，乙の総株主の議決権数ののうち24％の議決権を有する株式240株とし，対価の全部を甲株式とする」という例もあるでしょう。ケースバイケースです。

（注）参考までに，株主資本への計上額は次のように変わります。

　　全部が株式対価のとき

　　　株主資本等変動額3000万円＝受入れ乙株式価値3000万円（600株× 5 万円）

　　　甲株式300株3000万円分交付

　　現金対価併用のとき

　　　株主資本等変動額1200万円＝受入れ乙株式価値3000万円－現金1800万円

　　　甲株式120株1200万円分交付

Q 4-19　債権者保護手続

債権者保護手続とは，どういうものですか。

A 4-19

1．官報公告例

債権者保護手続は資本金の額の減少や吸収合併などと同様に，官報公告と知れたる債権者への催告が中心です。定款に定める公告方法が新聞公告や電子公告であっても必ず官報公告が必要です。債権者は株主ではないので，定款に定める公告方法とは無関係です。

官報公告例は次のようなものになります（実際の官報は縦書きです）。

【官報公告例】

株式交付公告

　当社（甲）は，株式会社乙（乙，○県○市○町○丁目○番○号）を株式交付子会社とする株式交付をすることにいたしました。この株式交付に異議のある債権者は，本公告掲載の翌日から一箇月以内にお申し出下さい。なお，最終貸借対照表の開示状況は，次のとおりです。

（甲）掲載紙　官報

　　　　掲載の日付　令和○年○月○日

　　　　掲載頁　○○頁（号外第○○○号）

（乙）掲載紙　○○新聞

　　　　掲載の日付　令和○年○月○日

　　　　掲載頁　○○頁

　令和○年○月○日

　　　　　　　　　　　　　　　○県○市○町○丁目○番○号

　　　　　　　　　　　　　　　株式会社甲

　　　　　　　　　　　　　　　代表取締役　甲山太郎

　官報公告例からもお分かりのとおり，公告・催告期間は1か月以上であり，確定貸借対照表についても，示さなければなりません。それも株式交付子会社の分まで必要です。会社法第816条の8第2項第3項に「株式交付親会社及び株式交付子会社の計算書類に関する事項として法務省令で定めるもの」とあるためです。

　この法務省令とは，会社法施行規則第213条の8のことですが，次のような内容です。下線部の特例有限会社についてはQ1-4をご参照ください。もう1つの下線部については，敵対的株式交付のケースでしょうか。

【最終貸借対照表の開示方法】

イ．官報で公告しているときは，当該官報の日付及び当該公告が掲載されている頁。

ロ．時事に関する事項を掲載する日刊新聞で公告しているときは，当該新聞の名称，日付及び当該公告が掲載されている頁。

ハ．電子公告により公告しているときは，公告掲載のホームページ等のアドレス。具体的には，「なお，最終貸借対照表の開示状況は次のとおりです。http://www.……/indeX.html」などと示すことになる。

ニ．会社法第440条第3項の規定に基づきホームページ等による開示をしているときは，当該ホームページ等のアドレス。ハと同様な記載となる。

ホ．金融商品取引法第24条第1項により有価証券報告書を提出しているときは，その旨。具体的には，「なお，最終貸借対照表の開示状況については，金融商品取引法による有価証券報告書提出済であります」などと示すことになる。

ヘ．特例有限会社の場合は，決算公告が不要である旨。

ト．最終事業年度がない（未到来又は決算が確定していない）ときは（株式交付親会社が株式交付子会社の最終事業年度の存否を知らない場合を含む），その旨。設立第1期の決算期が到来していない場合や到来していても確定していない場合だが，具体的には，「なお，確定した最終事業年度はありません」などと示すことになる。

チ．上記以外の場合は最終貸借対照表の要旨の内容。具体的には，「なお，最

終貸借対照表の開示状況は左記のとおりです」とし，最終貸借対照表の要旨を直接公告文案や催告文案に示すことになる。あたかも，そのときに決算公告したかのように，公告文の左側に貸借対照表を掲示する。

2．債権者保護手続と公告実務

①文章だけの公告文だと官報の本紙に掲載され，依頼してから営業日で最短5日後に掲載されますが，上記の「チ」では貸借対照表も表示されるため，官報の号外に掲載され，依頼してから営業日で最短11日後です。

②上記「チ」で公告文の隣に貸借対照表の要旨が掲載されると，定款に定める公告方法が官報である会社（大会社を除く）は，これで決算公告したことになりますから，その後に催告する場合は，上記の「イ」の方法が可能です。

③定款に定める公告方法が官報以外の場合に，それに公告すると，知れたる債権者への催告手続が不要になります（会816条の8第3項）。非上場会社でも債権者数が多い場合は，定款変更で公告方法を新聞公告に変更し，催告を省略し，効力発生日後にまた官報に戻すこともよく行われています。

④電子公告で「株主及び債権者各位」と株主向けと債権者向けをまとめても，電子公告調査機関の料金は根拠条文ごとに別々に加算されます。

⑤法律上は全債権者に催告することになっていますが，実務上は，即座に弁済することのできる小口債権者には催告を省略する例が多いといえます。

⑥債権者に敷金・保証金の返還請求権を持つ賃借人を含めるのかと迷うことが多いのですが，最終的には会社の判断であり，迷ったら③の方法です。

⑦公告期間をミスする例は少なくありません。4月1日合併で2月末日に公告したら，3月末日が日曜日だったなどです。ゆとりを持って早めに公告することです。

⑧公告文に誤字脱字，表現ミスも少なくありません。早めに公告しておけば，訂正公告も間に合います。

⑨効力発生日が半年先などという場合に，効力発生日に近づけて公告・催告する必要はなく，現時点ですることも可能です。

Q 4-20　最短期間で株式交付を実行する方法

　いままでの解説を踏まえ自分なりに調べましたところ，債権者保護手続期間は１か月以上（会816条の８第２項），株主への通知又は公告は効力発生日の20日前（会816条の６第３項），事前開示書面の備置きは株主総会日の２週間前（会816条の２第２項），株主総会招集通知期間は非公開会社であれば１週間前（会299条１項）でした。しかし，当社の株主は数名であり（あるいは親会社一社のため），即座に株主総会を開催することができますし，株式を譲ってくださる株式交付子会社の株主もオーナー及びその同族の３名です。対価は当社新株式のみにし，債権者手続を不要にします。これであれば，最短で何日で実行できますか。

A 4-20

　２日です。次のようにしてください。

　効力発生日の20日前については株主全員同意で期間を短縮する（Ｑ４-９），開示書面の備置期間や株主総会招集通知期間対策は会社法第319条第１項の書面決議にして提案した日に株主全員の同意を得て即日にする（これで差止請求権も買取請求権も放棄したことになる），株式譲受けの手続は総数譲渡し契約にする（申込みと割当て方式では，申込みの期日の到来→割当て→効力発生日の前日までに割当てを通知であり，これを回避するため）。

　１日でできないのは，株主総会など会社の機関決定が効力発生日の前日までとされているためです（会816条の３第１項）。

　登記申請も効力発生日に申請できますが，既に効力が発生していることを報告する登記であって株式交付の効力要件ではないため，急ぐ必要はありません。仮に効力発生日に登記申請し，登記の完了が１週間後であっても，この１週間は登記所の都合であり，登記した日は効力発生日付けになります。

　以上ですが，短期間に実行するには，株主数が少なく容易に全員の同意を得られること，また事前準備が終わっていることが必要です。

Q 4-21　効力発生日と登記

当社では株式交付の効力発生日を「○月１日」に設定していますが，その日の午前０時に効力が発生すると理解してよろしいですか。また，半月程度，延期するかもしれませんので，その手続も教えてください。

A 4-21

１．効力発生日

効力発生日とは株式の譲受けが効力を生じ子会社化が達成される日です。株式譲渡人が株式交付親会社の株主になれる日でもあります。ただし，会社法第774条の７第２項に「株式交付子会社の株式の譲渡人となった者は，効力発生日に，それぞれ当該各号に定める数の株式交付子会社の株式を株式交付親会社に給付しなければならない」とあり，この給付がなされないと株式の譲受けにならず親会社の株主になったともいえません（会774条の11）。この「給付」とは現物出資財産の給付と同様に，完全な権利者にさせることであり，対抗要件の具備（株券交付，譲渡制限株式の譲渡承認，名義書換，振替株式の振替など）を含んだ概念です。

さて，ご質問の回答ですが，その日の午前０時までに全ての手続が終わっていれば，その理解で支障がありませんが，効力発生「時」でなく効力発生「日」ですから，その日のうちにという意味で，午前０時と限る趣旨はなく，株式交付においても効力発生日に行われる給付を条件にしているといえます。

効力発生日の延期（変更，前倒しも可能）は，取締役会で決定し，株式譲渡申込者に通知する必要があるだけでなく（会774条の４第５項ほか），効力発生日の前日までに公告しなければなりません（会816条の９第２項）。しかし，官報でも新聞でも依頼すれば翌日には公告してくれるわけではありませんので，期限ぎりぎりの決定に対応できず，困った規定ではあります。ただ，公告が間に合わなかった場合に，株式交付が無効にされるかどうかは疑問です。

この公告は定款に定める公告方法であり，官報とは限りません。

2．登記

　株式交付で新株式や新株予約権を発行し対価としたときは，発行済株式の総数の変更や新株予約権の発行を登記しなければなりません。株式交付により資本金の額を増加した場合も同様です。自己株式を交付し資本金を増加した場合には，資本金の額の変更だけを申請します。これらの場合に「株式交付」という用語は登記記録に一切登場しません。株式の移転に伴う組織再編（株式交換や株式移転）はみな同じです。

　資本金の額を増加したときは，増加額が株主資本等変動額の枠内にある旨の次のような証明書（資本金の額の計上に関する証明書）が必要になります（商業登記規則61条9項）。登記申請時点では株主資本等変動額の金額が確定していないでしょうから，書式例のように単位を百万円に上げておきました。この単位であれば確定しているでしょうし，増加資本金額よりも大きいことの証明が主眼ですから，これで十分です。

【資本金の額の計上に関する証明書例】

　　　　　　　　資本金の額の計上に関する証明書

　株主資本等変動額（会社計算規則第39条の2第1項）

　　　　　　　　　　　　　　　　　　　　　　　　　　金○○百万円

　株式交付親会社の資本金の増加額○○○万円は，会社法第445条及び会社計算規則第39条の2の規定に従って計上されたことに相違ないことを証明する。

　　　　　　　　　　　　　　　　　　　　　　　令和○年○月○日

　　　　　　　　　　　株式会社甲

　　　　　　　　　　　代表取締役　甲山太郎

　やや脱線ですが，上記に押印のしるし（㊞）がないことに違和感を持たれたかもしれませんが，現在の登記実務では，デジタル化推進の国策の大波を受け，ハンコ教条主義から脱却し，法令上，押印が要求されているもの（取締役会議事録，登記申請委任状，新代表取締役の就任承諾書など）以外は押印の有無が

審査対象から外されております。ただし，押印したほうが原本らしくみえるし，登記所に与える印象がよいことに変わりません。

　総数譲渡し契約方式で新株式のみを発行し債権者保護手続を不要としたが，資本金の額を増加しない場合の申請書例（抜粋）は次のとおりです。

【登記申請書案】

株式会社変更登記申請書（抜粋）

１．登記の事由　　株式交付による変更

１．登記すべき事項

　　　　　　　　発行済株式の総数　　○○○株

　　　　　　　　令和○年○月○日変更

１．登録免許税　　金３万円

１．添付書類

株式交付計画書	1通
総数譲渡し契約書（契約者リスト付）	1通
株主総会議事録	1通
株主リスト	1通
取締役会議事録	1通
委任状	1通

　上記のとおり登記の申請をする。（以下略）

　取締役会議事録は総数譲渡し契約の承認を証するものとして必要になるという前提です。株式交付計画だけでは交付する株式数が分かりませんし，総数譲渡し契約書で分かるとしても（総数譲渡し契約から譲り受ける株式の合計数を知り，それに株式交付比率を乗じて計算することになりますが，計算の結果としての発行する新株式数は委任状にでも記載したほうが親切な申請になります），その機関決定が必要だと解するからです。

　総数譲渡し契約書は全員分の添付を要求される可能性が大のため，登記申請用に連名による１枚の契約書原本を別途作成しておくのもよい方法です。

Q 4-22　事後開示書面例

　他の組織再編と同様に，株式交付においても無効の訴え（会828条）提起の判断資料を株主等に提供するため，事後開示の制度が設けられていますが，会社法第816条の10で備え置く「株式交付に関する書面」の書式例の作成をお願いします。

A 4-22

　備え置くものは，株式交付に際して株式交付親会社が譲り受けた株式交付子会社の株式の数その他の株式交付に関する事項として法務省令（注：施行規則213条の9）で定める事項を記載し，又は記録した書面又は電磁的記録とされています。記載項目をみると，誰でもできる簡単な内容でした。次です。

【株式交付に関する事後開示書面例】

令和○年○月○日
株式会社甲
代表取締役　甲山太郎

　当社は，当社を株式交付親会社，株式会社乙（住所：○県○市○町○丁目○番○号）を株式交付子会社とする株式交付を実行いたしましたので，会社法第816条の10第1項及び会社法施行規則第213条の9に基づき，下記のとおり，開示事項を記載した書面を備え置きます。

記

1．株式交付が効力を生じた日
　　令和○年○月○日
2．株式交付親会社における次に掲げる事項
　イ　差止請求に係る手続の経過
　　　該当事項はありません。
　ロ　株式買取請求及び債権者保護手続の経過
　　　いずれも該当事項はありません。

3．譲り受けた株式交付子会社の株式の数

　　○○○株

4．譲り受けた株式交付子会社の新株予約権の数

　　該当事項はありません。

5．譲り受けた新株予約権付社債の各社債金額の合計額

　　該当事項はありません。

6．前各号に掲げるもののほか，株式交付に関する重要な事項

　　該当事項はありません。

以上

【著者紹介】

金子 登志雄（かねこ　としお）

組織再編を中心とする会社法専門司法書士。アクモス株式会社取締役（監査等委員）。
群馬県生まれ。慶応大（法）卒。信託銀行出身。

（略歴）

1987年　Ｍ＆Ａ公認会計士９名と日本初のＭ＆Ａ専門会社創業（取締役就任）。

1988年　同社で中心になって『実戦Ｍ＆Ａ事典』（プレジデント社）を出版。

1991年　Ｍ＆Ａ公認会計士が社長のアクモス株式会社創業（取締役就任）。

1992年　日本で最初に株式分割を使わずに額面500円会社を額面50円会社に改組し上場予備
　　　　軍に提供。その仕上げも日本初の同一場所・同一商号の合併で実行。

1996年　アクモスを当時では珍しい無額面株式に変えて上場。同時期に司法書士登録。

1999年　アクモスで日本初の株式交換実行（株式交換契約は株式交換施行日前）。

2001年　額面株式廃止の金庫株改正施行前に無対価合併を開発し実行。

2002年　エキスパート司法書士集団・ESG法務研究会創立（代表就任）。

2003年　中央経済社からは初の『これが新商法だ！これが新登記だ！』を出版。

2005年　同社刊の会社法案条文集の重要条文ミニ解説を担当。日本で最初の会社法解説書
　　　　（『これが新発想の会社法だ』）も出版。

2006年　国立印刷局の法定公告の文案作成に参加。この年，会社法施行。

2007年　会社法準拠の組織再編本（現『組織再編の手続〔第２版〕』）や会社計算規則の解説
　　　　書（現『事例で学ぶ会社の計算実務』）を出版。

　以後も多数の組織再編手続に関与し様々な法務アイデアを開発し現在に至る。

（著書）

　上記以外にも会社法実務についての著書多数（詳細は下記HPの自己紹介表参照）。上記の
経験に基づく独創的なノウハウや独自の解説に定評があり，固定読者が多い。

著者連絡先　http://esg-hp.com/

〒101-0052　東京都千代田区神田小川町三丁目26番地
　　　　　　神田小川町三丁目ビル４階
　　　　　　司法書士金子登志雄事務所内

「株式交付」活用の手引き

2021年8月1日　第1版第1刷発行
2023年5月15日　第1版第3刷発行

著　者　金　子　登　志　雄
発行者　山　本　　　継
発行所　㈱中　央　経　済　社
発売元　㈱中央経済グループ
　　　　パ　ブ　リ　ッ　シ　ン　グ

〒101-0051　東京都千代田区神田神保町1-35
電話　03 (3293) 3371 (編集代表)
03 (3293) 3381 (営業代表)
https://www.chuokeizai.co.jp

印刷／㈱堀内印刷所
製本／㈲井上製本所

©2021
Printed in Japan

募集株式と種類株式の実務〔第2版〕

新株式発行の正確な意義と募集手続、自己株式の処分、種類株式の発行についての手続を、書式や実例とともに対話調で楽しく解説。株式の本質がわかる、実務家必読の内容！

金子登志雄・富田太郎【著】　2014年5月刊／Ａ5判ソフトカバー／264頁

親子兄弟会社の組織再編の実務〔第2版〕

親子兄弟会社間の組織再編手続（特に無対価の合併・分割）を第一人者が解説。第2版で、改正会社法（26年6月成立）を踏まえて全編を見直すとともに、新しい論点を加筆。

金子登志雄【著】　2014年7月刊／Ａ5判ハードカバー／416頁

事例で学ぶ会社法実務〔全訂版〕

既刊『事例で学ぶ会社法実務〔設立から再編まで〕』を全面改訂。質問数122項目（47%）アップで密度の濃い1冊！　司法書士や企業の法務担当者が疑問に思う点を、最新法令に即してＱ＆Ａで平易に解説。　2018年4月刊／Ａ5判ソフトカバー／416頁

東京司法書士協同組合【編】　金子登志雄・立花宏・幸先裕明【著】

事例で学ぶ会社の計算実務
―会計人のための仕訳例付き

東京司法書士協同組合【編】
金子登志雄・有田賢臣【著】

旧版『事例で学ぶ会社法実務〔会社の計算編〕』の内容に、税理士や公認会計士のための仕訳例を多数追加。Ｑ＆Ａ形式で、会社法・商業登記実務と会社の計算実務双方がわかる！

2018年9月刊／Ａ5判ソフトカバー／384頁

組織再編の手続〔第2版〕（商業登記全書・第7巻）

会社法実務のベテラン司法書士による組織再編手続の決定版、待望の第2版です。平成28年4月公布の「商業登記規則等の一部を改正する省令」までをフォローしています。

金子登志雄【著】　2016年6月刊／Ａ5判ハードカバー／520頁

商業登記実務から見た
合同会社の運営と理論〈第2版〉

金子登志雄【監修】
立花　宏【著】

幅広い文献を踏まえた確かな理論をベースに、株式会社と異なる実務の多い「合同会社」の運営上の疑問に明快に答える。とりわけ難解な「解散と清算」の実務を加筆した第2版！

2021年5月刊／Ａ5判ソフトカバー／304頁

「会社法」法令集〔第13版〕

令和3年3月1日施行の令和元年改正会社法と令和2年改正会社法施行規則・会社計算規則を収録した決定版！　変更箇所が一目でわかるよう表示。人気の1行コメント（金子登志雄先生執筆）も、さらに充実！　2021年3月刊／Ａ5判ソフトカバー／748頁

中央経済社